Gerd Harbeck

Turbo Pascal
unter MS-DOS

Programmieren von Mikrocomputern

Die Bände dieser Reihe geben den Benutzern von Mikrocomputern über die Betriebsanleitung hinaus zusätzliche Anwendungshilfen. Der Leser findet wertvolle Informationen und Hinweise mit Beispielen zur optimalen Ausnutzung seines Gerätes, besonders auch im Hinblick auf die Entwicklung eigener Programme.

Bisher erschienene Bände

Band 1   **Einführung in BASIC**
von W. Schneider

Band 3   **BASIC für Fortgeschrittene**
von W. Schneider

Band 4   **Einführung in Pascal**
von W. Schneider

Band 6   **BASIC-Programmierbuch zu den grundlegenden Ablaufstrukturen der Datenverarbeitung**
von E. Kaier

Band 7   **Lehr- und Übungsbuch für Commodore-Volkscomputer**
von G. Oetzmann

Band 9   **Einführung in die Anwendung des Betriebssystems CP/M**
von W. Schneider

Band 10   **Datenstrukturen in Pascal und BASIC**
von D. Herrmann

Band 11   **Programmierprinzipien in BASIC und Pascal**
von D. Herrmann

Band 13   **Strukturiertes Programmieren in BASIC**
von W. Schneider

Band 14   **Logo-Programmierkurs für Commodore 64 Logo und Terrapin Logo (Apple II)**
von B. Schuppar

Band 15   **Entwerfen von Programmen (Commodore 64)**
von G. Oetzmann

Band 16   **Einführung in die Anwendung des Betriebssystems MS-DOS**
von W. Schneider

Band 17   **Einführung in die Anwendung des UCSD p-Systems**
von K. Buckner/M. J. Cookson/ A. I. Hinxman/A. Tate

Band 18   **Mikrocomputer-COBOL**
von W. Kähler

Band 19   **Fortgeschrittene Programmiertechniken in Turbo Pascal**
von E. Hering und K. Scheurer

Band 20   **Einführung in die Anwendung des Betriebssystems Apple DOS (Apple II)**
von H. R. Behrendt und H. Junghans

Band 22   **Einführung in Turbo Pascal unter CP/M 80**
von G. Harbeck

Band 23   **Pascal mit der Turtle**
von K. und K. H. Beelich

Band 24   **Programmieren mit UNIX**
von G. Martin und M. Trostmann

Band 25   **Murmeltierwelt und Pascal**
von H. Pinke

Band 26   **Rechenstrukturen und Geometrie mit LOGO**
von G. Moll

Band 27   **Sprachverarbeitung mit LISP und Prolog auf dem PC**
von J. Handke

Band 28   **Probleme und Lösungen mit Turbo Prolog**
von D. Herrmann

Band 29   **Turbo Prolog — Einführung in die Anwendung**
von K. Justen

Band 30   **Turbo Pascal unter MS-DOS**
von G. Harbeck

Programmieren von Mikrocomputern   Band 30

Gerd Harbeck

Turbo Pascal
unter MS-DOS

Friedr. Vieweg & Sohn   Braunschweig / Wiesbaden

CIP-Titelaufnahme der Deutschen Bibliothek

Harbeck, Gerd:
Turbo Pascal unter MS-DOS / Gerd Harbeck. —
Braunschweig; Wiesbaden: Vieweg, 1988
   (Programmieren von Mikrocomputern; Bd. 30)

NE: GT

Der Verlag Vieweg ist ein Unternehmen der Verlagsgruppe Bertelsmann.

Additional material to this book can be downloaded from http://extras.springer.com.

Satz: Vieweg, Braunschweig

ISBN 978-3-528-04595-1   ISBN 978-3-322-91756-0 (eBook)
DOI 10.1007/978-3-322-91756-0

Vorwort

Die Programmiersprache *Pascal* wurde von Prof. Nikolaus Wirth (1974) gezielt für den Einsatz in der Ausbildung entwickelt. Ihre Stärken sind u. a. die problemorientierten Datentypen und viele zweckmäßige, darauf angepaßte Operationen. Die Sprache *Pascal* unterstützt optimal ein strukturiertes Programmieren und ist leicht zu erlernen, daher hat sie sich weitgehend im Bereich der Ausbildung und auch in der Anwendung durchgesetzt.

Seit einigen Jahren ist diese vielseitige und sichere Sprache in ihrem vollen Umfang auch auf Personal Computern (PC) lauffähig. Und seit der Entwicklung des Sprachsystems *Turbo Pascal* (1983) ist für das Programmieren in *Pascal* eine optimale Programmierumgebung verfügbar.

Eine hilfreiche Programmierumgebung ist vor allem für den Anfänger bedeutsam: Man erlernt eine Programmiersprache umso leichter, je besser man dabei vom Sprachsystem unterstützt wird. Das Sprachsystem *Turbo Pascal* zeichnet sich durch eine besondere Benutzerfreundlichkeit aus und weist viele weitere Vorzüge auf. Die einfache Kommandostruktur, der erstaunlich schnelle Compiler und der hervorragende Editor, der beim Compilieren automatisch zur Fehlerbeseitigung herangezogen wird, machen den Zugang zum Programmieren in *Pascal* so einfach, wie man es vorher nur von BASIC-Systemen gewohnt war.

Nicht nur der Einsteiger wird durch das Sprachsystem gut unterstützt. Auch der Programmierer, der anspruchsvolle und umfangreiche Programme strukturiert schreiben will, weiß die Vorzüge des Compilers von *Turbo Pascal* zu schätzen. Beim Schreiben komplexer Programme kommen die Stärken der Sprache *Pascal* und die Unterstützung durch das System *Turbo Pascal* voll zur Geltung.

Inzwischen gibt es eine ganze Reihe von Büchern über *Turbo Pascal*. Neben dem Handbuch (der Herstellerfirma Borland, Erstausgabe 1983) gibt es

— Einführungen in das Sprachsystem,
— Programmierkurse mit unterschiedlichem Anspruchsniveau und
— Lehrgänge, die auf der Basis von *Turbo Pascal* in das Lösen von Problemen einführen.

Damit Sie dieses Buch richtig einordnen können, sei vorweg gesagt, was nicht angestrebt wird: Hier wird kein Informatik-Kurs dargestellt, das Buch soll nicht in die Vorgehensweise beim Aufbereiten von Problemen und beim Entwickeln von Lösungsalgorithmen einführen. Es geht nur um den letzten Schritt auf dem Wege vom Problem zum Programm, um die Codierung eines erstellten Algorithmus in der Programmiersprache. Das Buch zeigt Ihnen, welche Hilfsmittel die Sprache *Pascal* und das System *Turbo Pascal* für das Schreiben von Programmen bereitstellen und wie man sie nutzen kann. Es führt zunächst in die Kommandostruktur des Betriebssystems MS-DOS ein, denn darauf baut das Sprachsystem *Turbo Pascal* auf. Dann wird mit der Handhabung des Systems vertraut gemacht, bevor — systematisch aufbauend — die Sprachelemente entwickelt werden. Die Darstellung ist bewußt knapp gehalten, damit Sie das Buch auch — wie ein Handbuch — zum Nachschlagen verwenden können. Der Zugriff wird durch die klare Gliederung erleichtert und durch das ausführliche Inhaltsverzeichnis sowie Sachwortverzeichnis unterstützt.

Das Buch erhebt nicht den Anspruch, das Sprachsystem vollständig und in allen seinen Möglichkeiten zu beschreiben, es kann daher das Originalhandbuch nicht ersetzen. Insbesondere verzichtet es auf technische Details und Feinheiten wie z. B. einen Speicherzugriff mit direkter Adressierung, eine Verwendung von Heap und Stack oder eine Einbindung von Assemblerprogrammen. Diese Angebote von *Turbo Pascal* sind erst für den fortgeschrittenen und versierten Programmierer interessant. Aus Platzgründen kann auch nicht auf die ausgezeichneten Grafik-Möglichkeiten eingegangen werden. *Turbo Pascal* unter MS-DOS verfügt z. B. über eine leistungsfähige und ausgefeilte *Turtle*-Grafik mit umfangreicher Befehlsstruktur.

In den ersten Kapiteln werden Sie mit der Handhabung des Betriebs- und des Sprachsystems vertraut gemacht, damit Sie das Erlernen der Sprache *Pascal* durch praktische Arbeit am PC unterstützen können. Wenn Sie zu allen neuen Sprachelementen eigene Programme schreiben und ablaufen lassen, dann lernen Sie effektiver. Der Computer wird Sie sofort und unnachsichtig korrigieren, wenn Sie einen Fehler gemacht haben sollten, und die syntaktischen Regeln prägen sich schneller ein, wenn Sie mit dieser Kontrolle vorgehen.

Die Erarbeitung neuer Steuer- und Datenstrukturen wird jeweils durch geeignete Beispielprogramme unterstützt. Viele davon sind im Buch wiedergegeben, anfangs im ganzen und später auszugsweise, und können als Vorlage für Ihre eigenen Programme dienen. Die entwickelten Programme, Prozeduren und Funktionen lassen sich wie Bausteine dann in größere Programme einsetzen. Damit Sie die Beispielprogramme (ohne zeitaufwendiges Eintippen) auf Ihrem PC testen können, sind sie auf einer Diskette zusammengestellt worden. Was die Diskette zum Buch enthält, finden Sie im Anhang D.

Ich wünsche Ihnen einen guten Einstieg in das Sprachsystem *Turbo Pascal* und viel Erfolg beim Programmieren in *Pascal*! Für Hinweise auf eventuelle Fehler im Buch oder in den Programmen und für Vorschläge zur Veränderung, Ergänzung oder Erweiterung wäre ich dankbar.

Westerland, im Sommer 1988　　　　　　　　　　　　　　*Gerd Harbeck*

Inhaltsverzeichnis

Voraussetzungen

Um das Sprachsystem *Turbo Pascal* einsetzen zu können, brauchen Sie (natürlich) einen Computer. Wenn Sie über einen Personal Computer (PC) mit dem Betriebssystem MS-DOS (oder PC-DOS) verfügen, dann können Sie darauf mit einer besonders leistungsfähigen Version des Sprachsystems arbeiten. Auf dieses System *Turbo Pascal*, das auf der Grundlage von MS-DOS läuft, bezieht sich die Darstellung des Buches.

Die Beschreibung des Betriebssystems MS-DOS und des Sprachsystems bezieht sich auf eine Hardware-Ausstattung, die man schematisch so darstellen kann:

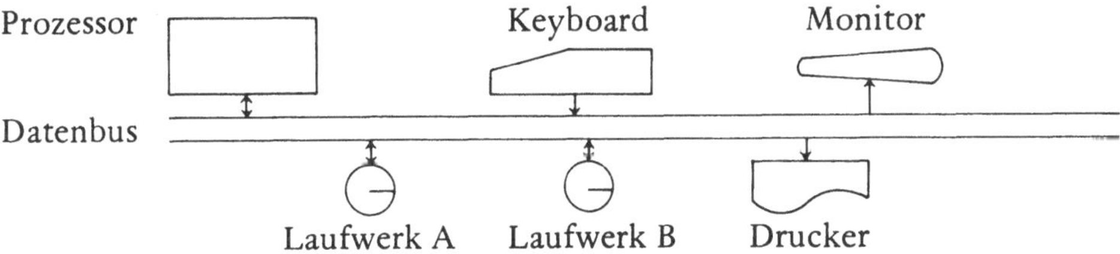

Der Prozessor, auch Zentraleinheit oder CPU genannt, ist der Kern des PC, er ist über den Datenbus mit den peripheren Geräten verbunden. Dazu gehört als wichtigstes Eingabegerät die Tastatur, auch Keyboard genannt. Mit den Tasten des Keyboard muß man sich vertraut machen, bevor man damit sicher und schnell Daten eingeben kann. Achten Sie darauf, ob die Tasten wie auf Ihrer Schreibmaschinen angeordnet sind (deutscher Zeichensatz). Zu den von der Schreibmaschine her gewohnten Tasten finden Sie weitere und sollten sich (aus dem Benutzerhandbuch Ihres PC) mit ihrer Wirkung vertraut machen.

Als Ausgabegeräte dienen der Bildschirm (Monitor) und der Drucker. Auf dem Bildschirm gibt der PC seine Hinweise an den Benutzer aus, auch Ihre Eingaben erscheinen dort (Echoausgabe) und können überprüft werden. Ein Drucker gehört nicht zur Mindestausstattung, doch ist es sehr nützlich und hilfreich, wenn man sich Programme oder andere Daten dauerhaft (Hardcopy) ausgeben lassen kann.

Zur externen (und dauerhaften) Speicherung von Daten verwendet man Disketten oder Festplatten. Disketten werden in ein Laufwerk eingelegt, das mit einem Schreib- und Lesekopf auf die gespeicherten Daten zugreift. Zur Mindestausstattung gehört ein solches Diskettenlaufwerk, bei den meisten

Geräten sind zwei Laufwerke (bzw. ein Laufwerk und eine Festplatte) verfügbar. Die Laufwerke sind mit *A* und *B* bezeichnet, die Festplatte mit *C*. Diese Bezeichnungen sind in den Kommandos des Betriebssystems zu verwenden, wenn man darauf zugreifen will.

Die einzelnen Funktionseinheiten sind miteinander verbunden, sie können über den Datenbus Daten austauschen. Wie das schaltungstechnisch gemacht wird, braucht der Benutzer nicht zu wissen. Doch er sollte wissen, wie er den Datenaustausch steuern kann. Die Steuerung der Vorgänge in der Hardware geschieht durch geeignete Software, im wesentlichen durch das Betriebssystem des PC. Ein solches Betriebssystem ist das MS-DOS, seine Handhabung wird im folgenden beschrieben.

Das Betriebssystem ist die Grundlage für weitere Software, insbesondere für Anwenderprogramme. Auch das Sprachsystem *Turbo Pascal* läuft unter MS-DOS, d.h. es greift auf die Kommandos des Betriebssystems zurück (ohne daß der Benutzer es jeweils merkt). Das wird bei der Einführung in das Sprachsystem (in Kapitel 2) etwas näher ausgeführt.

1 Betriebssystem MS-DOS

Das Betriebssystem *MS-DOS*[1] stellt die Verbindung her zwischen dem Rechner und den Peripheriegeräten, es steuert insbesondere den Zugriff auf die externen Speicher wie Diskette und Festplatte. Um die Beschreibung des Systems zu vereinfachen, sollen hier alle externen Speicher als Disketten bezeichnet werden. Wenn Ihr PC mit einer Festplatte ausgestattet ist, brauchen Sie die Kommandos nur geringfügig modifizieren. Insbesondere ist für die Festplatte die Laufwerkbezeichnung *C* zu verwenden, während die Diskettenlaufwerke mit *A* und *B* bezeichnet sind.

Mit den Kommandos von *MS-DOS* kann der Benutzer auf die Disketten zugreifen, die er in die Laufwerke seines PC legt. Er kann abfragen, was auf den Disketten gespeichert ist. Er kann den Inhalt einer Diskette auf eine andere kopieren, etwa um eine Sicherheitskopie zu erhalten. Er kann auf einer Diskette eine neue Datei anlegen oder eine vorhandene Datei in den Arbeitsspeicher laden. Er kann eine Datei von einer Diskette auf eine andere übertragen oder sie vom Drucker ausgeben lassen. Diese und viele weitere Vorgänge startet und steuert der Benutzer mit den Kommandos von *MS-DOS*. Um seinen PC wirksam einsetzen zu können, muß er daher die wichtigsten Kommandos beherrschen.

Das gilt insbesondere für den Benutzer, der auf seinem PC mit der Programmiersprache *Pascal* arbeiten will. Das Sprachsystem *Turbo Pascal* läuft auf einem PC unter *MS-DOS*. Das heißt zum einen, daß Sie das Sprachsystem von der Ebene des Betriebssystems her starten. Wie Sie das machen, wird im Abschnitt 2.1 beschrieben. Zum anderen werden Sie einen großen Teil der Diskettenverwaltung von der Ebene des Betriebssystems aus erledigen. Um eine ganze Diskette oder eines der darauf gespeicherten Programme zu kopieren, geben Sie das dafür geeignete Kommando von *MS-DOS* ein. Auch das Formatieren neuer Disketten oder das Löschen von gespeicherten Programmen erledigen Sie von der Ebene des Betriebssystems aus, nicht im Sprachsystem. Dies bedeutet eine Entlastung des Sprachsystems von Verwaltungsaufgaben und eine Vereinfachung seiner Kommandostruktur. Für Sie bedeutet es, daß Sie einige grundlegende Kommandos von *MS-DOS* kennen müssen, wenn Sie mit *Turbo Pascal* arbeiten wollen.

---

[1] Der erste Teil des Namens *MS-DOS* verweist auf die Entwicklung des Systems in der Softwarefirma *Microsoft*, der zweite Teil ist eine Abkürzung von *Disk Operating System*.

In diesem Kapitel werden die Kommandos von *MS-DOS* beschrieben, die man für die Arbeit mit *Turbo Pascal* braucht. Eine vollständige Darstellung des Betriebssystems ist nicht beabsichtigt und auch nicht erforderlich. Wenn Sie sich weitergehend informieren wollen, können Sie auf eine Vielzahl von Büchern und insbesondere auf das Handbuch zu Ihrem PC zurückgreifen. Hier geht es um die Kommandos von *MS-DOS*, die derjenige beherrschen muß, der das Sprachsystem *Turbo Pascal* starten will oder gespeicherte *Pascal*-Programme kopieren oder ausdrucken möchte.

Das Kapitel ist so aufgebaut, daß auch jemand danach vorgehen kann, der ganz neu in die Arbeit mit einem PC einsteigt. Zu Beginn wird das Starten des Betriebssystems (das *Booten*) beschrieben, dann erfahren Sie, wie man die einzelnen Kommandos eingibt und was sie bewirken. Es ist ratsam, sich beim Durcharbeiten des Kapitels vor den PC zu setzen und daran die beschriebenen Kommandos praktisch zu erproben. Das hat den Vorteil, daß Sie gleich mit der Handhabung der Kommandos auf Ihrem PC vertraut werden. Auch können Sie kleine Abweichungen gegenüber der Darstellung im Buch, die sich aus einer anderen Hardware und aus einer unterschiedlichen Version von *MS-DOS* ergeben können[1]), erkennen und berücksichtigen.

1.1 Starten und Laufwerkwahl

Das Betriebssystem *MS-DOS* wird beim Kauf eines PC auf einer Diskette mitgeliefert. Ohne Systemdiskette können Sie den PC zwar einschalten, aber nicht damit arbeiten. Wenn Sie den Rechner und den Monitor einschalten, ohne die Systemdiskette vorher einzulegen, erhalten Sie eine Bildschirmausgabe mit Hinweisen auf Hersteller und Copyrights:

```
Commodore BIOS Rev. 2.03                         380 258 - 03

Copyright (C) 1985,1986 by Commodore Electronics Ltd.
Copyright (C) 1984,1985 by Phoenix Software Associates Ltd.
                  All Rights Reserved.


LPT1    at 0378h
COM1    at·03F8h
```

---

1) Die Darstellung des Buches bezieht sich auf den Commodore PC 10 II und auf die Version 3.20 des dafür mitgelieferten *MS-DOS*. Die Informationen an den Benutzer werden von dieser Version in englischer Sprache ausgegeben.

Auch eine Überprüfung des Arbeitsspeichers wird vorgenommen. Doch dann werden Sie auf das Fehlen der Systemdiskette hingewiesen:

```
Non-System disk or disk error
Replace and strike any key when ready
```

Erst wenn Sie die Systemdiskette in das Laufwerk *A* eingelegt und eine beliebige Taste gedrückt haben, werden die Startvorgänge fortgesetzt. Auf dem Bildschirm wird Ihre Version von *MS-DOS* angezeigt, und Sie werden zur Eingabe des Datums aufgefordert:

```
A>ver

MS-DOS Version 3.20

A>keybgr

A>date
Current date is Tue  1.01.1980
Enter new date (dd-mm-yy):
```

Das von Ihnen eingegebene Datum wird gespeichert und kann jederzeit wieder abgefragt werden (s. Abschnitt 1.12). Es wird automatisch allen Programmen angehängt, die jetzt von Ihnen erstellt und auf der Diskette abgespeichert werden.

Mit der Eingabe des Datums (und vielleicht auch der Uhrzeit) endet der Systemstart, das *Booten*. Auf dem Bildschirm erscheint das Bereitschaftszeichen, das *Prompt*:

```
A>_
```

Der PC ist nun bereit, Kommandos von *MS-DOS* aufzunehmen und auszuführen. Hinter dem Bereitschaftszeichen steht der Cursor und markiert durch sein Blinken die Stelle, an der Sie Kommandos eingeben können.

Das *A* im Bereitschaftszeichen gibt an, daß im Augenblick das Laufwerk *A* angemeldet ist und daß man auf die dort eingelegte Diskette zugreifen kann. Der Benutzer kann nun das Laufwerk wechseln, indem er als Kommando die neue Laufwerkbezeichnung angibt, etwa *B:* für das zweite Laufwerk oder *C:* für die Festplatte. Am Doppelpunkt hinter dem Laufwerknamen erkennt *MS-DOS*, daß es sich um die Bezeichnung eines Gerätes handelt. Auch hinter die Bezeichnungen *PRN* (von Printer) für den Drucker und

CON (von Console) für den Bildschirm ist ein Doppelpunkt zu setzen, wenn man das Gerät ansteuern will.

Wenn Sie die Eingabe *B:* (wie jede andere Eingabe) mit der Eingabetaste (<RETURN>, <ENTER>, <CR> oder <↵>)[1] abschließen, dann meldet das System die Bereitschaft zum Zugriff auf das Laufwerk *B:*

```
A>B:
B>
```

Mit der Eingabe von *A:* (und <ENTER>) läßt sich wieder auf das Laufwerk *A* zurückstellen. Bei Ihrer Erprobung des Laufwerkwechsels werden Sie feststellen, daß Sie die Namen *A* und *B* auch mit kleinen Buchstaben schreiben dürfen. Das gilt für das Schreiben aller Kommandos, wie Sie an den abgedruckten Beispielen sehen werden; einige sind groß und andere klein geschrieben worden.

1.2 Ausgabe des Disketteninhaltes (*DIR*)

Hinter dem Bereitschaftszeichen von *MS-DOS* können Sie ein Kommando von *MS-DOS* eingeben. Als erstes soll das Kommando *DIR* untersucht werden, mit dem sich auf dem Bildschirm ausgeben läßt, was auf der Diskette im angemeldeten Laufwerk gespeichert ist. Wenn Sie *DIR* mit *<ENTER>* eingeben, dann erhalten Sie das Inhaltsverzeichnis der Diskette, das *Directory:*

```
A>dir

   Volume in drive A is TURBO START
   Directory of  A:\

   COMMAND  COM    23612    7.07.86   12.00
   AUTOEXEC BAT      449    1.10.87    0.53
   ANSI     SYS     1651    7.07.86   12.00
   CONFIG   SYS       31   26.02.87   10.12
   DRIVER   SYS     1102    7.07.86   12.00
   RAMDRIVE SYS     6462    7.07.86   12.00
   ATTRIB   EXE     8234    7.07.86   12.00
   CHKDSK   EXE     9680    7.07.86   12.00
   DEBUG    EXE    15647    7.07.86   12.00
   DISKCOMP EXE     3808    7.07.86   12.00
   DISKCOPY EXE     4096    7.07.86   12.00
   EDLIN    EXE     7356    7.07.86   12.00
   EXE2BIN  EXE     3050    7.07.86   12.00
```

---

1) Die Eingabetaste soll im folgenden immer mit *<ENTER>* bezeichnet werden, da diese Bezeichnung ihre Funktion am besten wiedergibt.

```
     FC       EXE    14558   7.07.86  12.00
     FDISK    EXE    16830   7.07.86  12.00
     FIND     EXE     6403   7.07.86  12.00
     FORMAT   EXE    11005   7.07.86  12.00
     GRAFTABL EXE     8210   7.07.86  12.00
     GRAPHICS EXE    13170   7.07.86  12.00
     JOIN     EXE     9012   7.07.86  12.00
     LABEL    EXE     2750   7.07.86  12.00
     MODE     EXE    13928   7.07.86  12.00
     PRINT    EXE     8824   7.07.86  12.00
     RECOVER  EXE     4145   7.07.86  12.00
     REPLACE  EXE     4852   7.07.86  12.00
     SORT     EXE     1898   7.07.86  12.00
     SUBST    EXE     9898   7.07.86  12.00
     TREE     EXE     8588   7.07.86  12.00
     APPEND   COM     1725   7.07.86  12.00
     ASSIGN   COM     1523   7.07.86  12.00
     KEYBGR   COM     1006   6.06.85  12.00
     SYS      COM     4607   7.07.86  12.00
     MORE     COM      282   7.07.86  12.00
     TURBO    COM    39671   1.01.80   1.07
     TURBO    MSG     1536   1.03.85   3.33
     GRAPH    P       3328   1.03.85   3.38
     GRAPH    BIN     5134   1.03.85   3.33
     TURTLE   PAS     7326  18.03.85  14.33
     CMDLIN   PAS      636  18.03.85  19.05
     DIRECT   PAS     2468  18.03.85  19.12
     ART      PAS     3590  18.03.85  17.15
     SOUND    PAS     2451  18.03.85  17.27
            42 File(s)              0 bytes free

  A>
```

Die Erprobung von *DIR* wird Ihnen bestätigen, daß man das Kommando auch mit kleinen Buchstaben oder gemischt groß und klein schreiben kann.

Das Kommando *DIR* bewirkt folgendes: Auf dem Bildschirm wird aufgelistet, wie die Diskette im Laufwerk *A* bezeichnet ist (die Bezeichnung wird *Label* genannt) und welche Files, also Programme und Dateien, sie enthält. Zum Schluß wird angegeben, wie viele Files auf der Diskette gespeichert sind und wie groß der noch verfügbare Platz ist.

Das hier abgedruckte Ausgabebeispiel zeigt nicht das Inhaltsverzeichnis der Original-Systemdiskette *MS-DOS*. Es handelt sich um eine Diskette, die für die Arbeit mit *Turbo Pascal* zusammengestellt wurde. Daher wird Ihre Bildschirmausgabe ganz anders aussehen. Doch erkennen Sie auch darin die folgenden Angaben:

1. Links stehen die Bezeichnungen der gespeicherten Files, sie setzen sich aus einem Namen (mit bis zu 8 Buchstaben) und einer Ergänzung (mit 3 Buchstaben) zusammen. Als Ergänzungen kommen u. a. *COM, EXE, SYS, BAT* und *PAS* vor, die Bedeutung wird im Abschnitt 1.3 erläutert. Beim

Schreiben der Filebezeichnungen müssen Sie zwischen Namen und Ergänzung einen Punkt (.) setzen.

2. Als nächstes wird zu jedem File angegeben, welchen Speicherplatz (in Byte) er benötigt.

3. Abschließend folgen Datum und Uhrzeit, die beim Abspeichern des Files im System aktuell waren.

Bei der Erprobung des Kommandos *DIR* haben Sie sicher beobachtet: Wenn Ihr Inhaltsverzeichnis sehr lang ist, paßt es nicht mehr auf den Bildschirm. Die ersten Files verschwinden nach oben und sind nicht mehr zu lesen. Das können Sie verhindern, indem Sie die Tasten <Ctrl> und <S> gemeinsam drücken, d.h. die Taste <Ctrl> gedrückt halten und dann <S> drücken. Damit können Sie die Ausgabe des Inhaltsverzeichnisses unterbrechen und können die ausgegebenen Files ansehen. Mit einer beliebigen Taste läßt sich dann die Ausgabe fortsetzen.

Um das Inhaltsverzeichnis in Ruhe lesen zu können, kann man dem Kommando *DIR* den Zusatz */P* hinzufügen. Der Zusatz *P* verweist auf Page, es wird dann seitenweise aufgelistet:

```
A>DIR /P
```

Nun unterbricht das System die Ausgabe, wenn der Bildschirm voll ist. Mit einer beliebigen Taste können Sie die nächste Seite abrufen.

Sie können das Inhaltsverzeichnis auch platzsparend ausgeben lassen, indem Sie */W* (für Weite) an *DIR* anfügen. Damit erhalten Sie eine Ausgabe der Filenamen ohne Platzbedarf, Datum und Uhrzeit:

```
A>Dir /W

   Volume in drive A is TURBO START
   Directory of  A:\

   COMMAND  COM    AUTOEXEC BAT    ANSI     SYS    CONFIG   SYS    DRIVER   SYS
   RAMDRIVE SYS    ATTRIB   EXE    CHKDSK   EXE    DEBUG    EXE    DISKCOMP EXE
   DISKCOPY EXE    EDLIN    EXE    EXE2BIN  EXE    FC       EXE    FDISK    EXE
   FIND     EXE    FORMAT   EXE    GRAFTABL EXE    GRAPHICS EXE    JOIN     EXE
   LABEL    EXE    MODE     EXE    PRINT    EXE    RECOVER  EXE    REPLACE  EXE
   SORT     EXE    SUBST    EXE    TREE     EXE    APPEND   COM    ASSIGN   COM
   KEYBGR   COM    SYS      COM    MORE     COM    TURBO    COM    TURBO    MSG
   GRAPH    P      GRAPH    BIN    TURTLE   PAS    CMDLIN   PAS    DIRECT   PAS
   ART      PAS    SOUND    PAS

        42 File(s)         0 bytes free
A>
```

In dieser Form erhalten Sie das Inhaltsverzeichnis auch vom Sprachsystem Turbo Pascal aus (s. Abschnitt 2.2.9).

Weitere Zusätze zum *DIR*-Kommando bewirken, daß man nur eine Auswahl aus dem Inhaltsverzeichnis bekommt. Man gibt an, welche Files man haben möchte. Dazu gibt man eine einzelne Bezeichnung mit Namen und Zusatz ein:

```
A>DIR Turbo.COM
```

Diese Möglichkeit wird man wählen, wenn man überprüfen will, ob sich ein gesuchter File auf der Diskette befindet. Ist der File nicht vorhanden, dann meldet das System:

```
File not found
```

Man kann auch eine Sammelbezeichnung für mehrere Files anfügen, indem man einen Stern (*) für Teile der Bezeichnung oder ein Fragezeichen (?) für einzelne Buchstaben einsetzt. Die folgenden Beispiele zeigen die Verwendung des Sterns:

```
A>DIR T*

   Volume in drive A is TURBO START
   Directory of  A:\

TREE      EXE      8588    7.07.86   12.00
TURBO     COM     39671    1.01.80    1.07
TURBO     MSG      1536    1.03.85    3.33
TURTLE    PAS      7326   18.03.85   14.33
         4 File(s)          0 bytes free

A>Dir *.COM

   Volume in drive A is TURBO START
   Directory of  A:\

COMMAND   COM     23612    7.07.86   12.00
APPEND    COM      1725    7.07.86   12.00
ASSIGN    COM      1523    7.07.86   12.00
KEYBGR    COM      1006    6.06.85   12.00
SYS       COM      4607    7.07.86   12.00
MORE      COM       282    7.07.86   12.00
TURBO     COM     39671    1.01.80    1.07
         7 File(s)          0 bytes free

A>
```

Das Kommando *DIR* kann noch vielfältiger ergänzt werden. Mit dem Zusatz *>PRN:* kann man die Ausgabe vom Bildschirm auf den Drucker (Gerätebezeichnung *PRN* von Printer) umleiten.

Man kann auch mehrere Zusätze zum Kommando kombinieren. Das zeigt das folgende Beispiel:

```
A>Dir *.EXE >PRN:


   Volume in drive A is TURBO START
   Directory of  A:\

   ATTRIB   EXE      8234   7.07.86   12.00
   CHKDSK   EXE      9680   7.07.86   12.00
   DEBUG    EXE     15647   7.07.86   12.00
   DISKCOMP EXE      3808   7.07.86   12.00
   DISKCOPY EXE      4096   7.07.86   12.00
   EDLIN    EXE      7356   7.07.86   12.00
   EXE2BIN  EXE      3050   7.07.86   12.00
   FC       EXE     14558   7.07.86   12.00
   FDISK    EXE     16830   7.07.86   12.00
   FIND     EXE      6403   7.07.86   12.00
   FORMAT   EXE     11005   7.07.86   12.00
   GRAFTABL EXE      8210   7.07.86   12.00
   GRAPHICS EXE     13170   7.07.86   12.00
   JOIN     EXE      9012   7.07.86   12.00
   LABEL    EXE      2750   7.07.86   12.00
   MODE     EXE     13928   7.07.86   12.00
   PRINT    EXE      8824   7.07.86   12.00
   RECOVER  EXE      4145   7.07.86   12.00
   REPLACE  EXE      4852   7.07.86   12.00
   SORT     EXE      1898   7.07.86   12.00
   SUBST    EXE      9898   7.07.86   12.00
   TREE     EXE      8588   7.07.86   12.00
      22 File(s)              0 bytes free

A>
```

Auch wenn das Laufwerk *A* angemeldet ist, kann man das Inhaltsverzeichnis von *B* ausgeben lassen:

```
A>dir B:


Not ready error reading drive B
Abort, Retry, Ignore? a

A>
```

Die Fehlermeldung ist verständlich, wenn im Laufwerk *B* noch keine Diskette liegt. Das System gibt Ihnen nun (wie auch bei anderen Fehlern) drei Möglichkeiten: Mit der Eingabe von A (oder a) können Sie die Kommandoausführung abbrechen, mit R (oder r) können Sie es noch einmal versuchen, etwa nachdem Sie eine Diskette ins Laufwerk B gelegt haben, und mit I (oder i) können Sie den fehlerhaften Umstand ignorieren lassen. Damit kommen Sie hier aber nicht viel weiter, wenn Sie keine Diskette in *B* einlegen.

Abschließend sei darauf hingewiesen, daß mit den beschriebenen Beispielen die Möglichkeiten des Kommandos *DIR* noch nicht erschöpft sind. Sie können z. B. die Filenamen (mit dem Zusatz *SORT*) sortiert ausgeben lassen oder können (mit *FIND*) nach Files suchen, in deren Namen eine vorgegebene Buchstabenfolge vorkommt. Doch für den Anfang und für die Arbeit mit *Turbo Pascal* reichen die beschriebenen Kommandoergänzungen voll aus.

1.3 Erster Überblick — interne und externe Kommandos

Wenn Sie das Kommando *DIR* eingeben, dann rufen Sie damit ein Teilprogramm des Betriebssystems *MS-DOS* auf. Dieses Programm läuft ab, wenn Sie es mit seinem Namen aufrufen, und führt dabei aus, was in Abschnitt 1.2 beschrieben wurde.

Die Systemdiskette enthält eine Reihe von Programmen, die man mit ihrem Namen aufrufen kann. Sie sind gekennzeichnet mit der Ergänzung *COM*, wobei Sie an Kommando denken können, oder mit *EXE* (von execute, ausführen). Ihre Systemdiskette enthält mehrere *COM*-Files, z. B. den File *KEYBGR.COM*. Wenn er mit *KEYBGR* aufgerufen wird, dann stellt das System die Tastatur auf deutschen Zeichensatz um.[1] Wenn Sie das Bildschirmprotokoll des Systemstarts noch einmal ansehen, dann finden Sie darin den Aufruf dieses Programms, wenn Ihr PC mit deutscher Tastatur ausgestattet ist:

```
A>KEYBGR
```

Auch Beispiele für *EXE*-Programme finden Sie auf Ihrer Systemdiskette, etwa *FORMAT.EXE* oder *GRAFTABL.EXE*. Mit dem Aufruf von *GRAFTABL* kann man die Grafikzeichen laden, und mit dem Aufruf von *FORMAT* kann man neue Disketten formatieren (s. Abschnitt 1.5). Beim

---

1) *KEYBGR* ist eine Abkürzung von Keyboard German.

Aufruf von *FORMAT* ist (wie auch bei anderen Kommandos) eine zusätzliche Angabe erforderlich: Man muß das Laufwerk angeben, in dem man formatieren will.

```
A>graftabl
Graphic characters loaded

A>format
Drive letter must be specified

A>format b:
Insert new diskette for drive B:
and strike ENTER when ready
```

Die Eingabe eines Kommandos von *MS-DOS* ist somit als Aufruf eines Programms des Betriebssystems zu verstehen. Wenn Sie nun aber Ihre Systemdiskette nach einem Programm *DIR.COM* oder *DIR.EXE* durchsuchen, dann werden Sie keines davon finden. Das liegt daran, daß dieses Programm nicht gesondert auf der Diskette abgespeichert, sondern in ein Programmpaket gepackt worden ist. Dieses Programmpaket finden Sie unter dem Namen *COMMAND.COM* auf Ihrer Systemdiskette.

Die in *COMMAND.COM* zusammengefaßten Kommandos bezeichnet man als interne Kommandos von *MS-DOS*. Die gesondert abgespeicherten Programme heißen entsprechend externe Kommandos. Die folgende Übersicht führt einige interne Kommandos von *MS-DOS* und ihre Wirkung an:

Interne Kommandos von *MS-DOS* (Auswahl)	
BREAK	schaltet die Überwachung der Tastenkombination <Ctrl><Break> oder <Ctrl><C> (s. Abschnitt 1.16) ein oder aus
CLS	löscht den Bildschirm (von Clear Screen)
CHDIR	wechselt das Verzeichnis (s. Abschnitt 1.13)
COPY	kopiert Files (s. Abschnitt 1.9)
DATE	zeigt das aktuelle Daum an und nimmt ein neues Datum auf (s. Abschnitt 1.12)
DEL	löscht Files aus dem Inhaltsverzeichnis (s. Abschnitt 1.11)
DIR	gibt Inhaltsverzeichnis aus (s. Abschnitt 1.2)
MKDIR	legt ein neues Verzeichnis an (s. Abschnitt 1.13)
PROMPT	nimmt neues Bereitschaftszeichen auf
REN(AME)	ändert den Namen eines Files (s. Abschnitt 1.10)
TIME	zeigt die aktuelle Zeit an und nimmt eine neue Zeit auf (s. Abschnitt 1.12)
TYPE	listet einen File auf dem Bildschirm auf (s. Abschnitt 1.4)
VER	zeigt die Nummer der MS-DOS-Version auf dem Bildschirm an
VOL	gibt die Bezeichnung der angemeldeten Diskette auf dem Bildschirm an

Für einige der internen Kommandos ist keine ausführliche Beschreibung
erforderlich. So können Sie z. B. *VER, VOL* und *CLS* unmittelbar testen:

```
A>VER

MS-DOS Version 3.20

A>VOL

  Volume in drive A is SYSTEMTURBO

A>
```

Bei den anderen Kommandos ist jeweils vermerkt, wo sie genauer beschrieben werden. Allen internen Kommandos ist gemeinsam, daß bei ihrer Eingabe das Programmpaket *COMMAND.COM* aufgerufen und dann das gewünschte Teilprogramm ausgeführt wird.

Die Eingabe eines externen Kommandos ruft ein auf der Diskette gesondert
abgespeichertes *COM-* oder *EXE*-Programm auf. Dem Inhaltsverzeichnis der
Systemdiskette können Sie entnehmen, daß *MS-DOS* u. a. über die folgenden
externen Kommandos verfügt:

Externe Kommandos von *MS-DOS* (Auswahl)	
CHKDSK	überprüft eine Diskette (s. Abschnitt 1.14)
DISKCOMP	vergleicht zwei Disketten (s. Abschnitt 1.7)
DISKCOPY	kopiert eine Diskette (s. Abschnitt 1.7)
FORMAT	formatiert eine Diskette (s. Abschnitt 1.5)
GRAFTABL	lädt eine zusätzliche Zeichentabelle
KEYBGR	stellt auf deutschen Zeichensatz um
LABEL	gibt die Bezeichnung der Diskette aus und nimmt eine neue Be- zeichnung auf (s. Abschnitt 1.8)
MODE	setzt den Modus für Drucker (parallel oder seriell) und andere Schnittstellen (s. Abschnitt 1.14)
MORE	stellt als Ergänzung zu einem Ausgabekommando auf seitenweise Ausgabe um
PRINT	setzt auszugebende Files in eine Warteschlange und steuert das Drucken in dieser Reihenfolge (s. Abschnitt 1.14)
SORT	sortiert als Ergänzung zu einem Ausgabekommando vor der Aus- gabe alphabetisch
SYS	überträgt die beiden verborgenen Files von *MS-DOS* auf eine neue Diskette (s. Abschnitt 1.6)

Die genannten Programme sind im Verzeichnis mit *COM* oder *EXE* gekennzeichnet. Das bedeutet, man kann sie mit ihrem Namen aufrufen. Bei einigen sind beim Aufruf noch Zusätze (Parameter) erforderlich, das wird in den angeführten Abschnitten genauer dargestellt.

Wie *COM-* und *EXE*-Files kann man auch Files mit der Ergänzung *BAT* mit ihrem Namen aufrufen. *BAT* ist eine Verkürzung von Batch, das heißt Stapel. Die Batchfiles enthalten eine Folge oder einen Stapel von *MS-DOS*-Kommandos, die dann beim Aufruf der Reihe nach bearbeitet werden. Ein Beispiel ist der Batchfile *AUTOEXEC.BAT*. Wenn Sie ihn mit seinem Namen aufrufen, dann gibt das System auf dem Bildschirm das gleiche aus wie beim Systemstart.

```
A>Autoexec

A>Ver

MS-DOS Version 3.20

A>Keybgr

A>date
Current date is Sun 27.09.1987
Enter new date (dd-mm-yy): 27.9.87

A>
A>
```

Daraus läßt sich zweierlei erkennen:

1. Beim Starten des Systems *MS-DOS* wird automatisch der Batchfile *AUTOEXEC.BAT* von der Diskette aufgerufen und bearbeitet. Der Name weist mit seinen Teilen *AUTO* für automatisch und *EXEC* für ausführen darauf hin.
2. Der File *AUTOEXEC.BAT* enthält einen Stapel von drei Kommandos. Zuerst wird das interne Kommando *VER* aufgerufen und gibt die Version des *MS-DOS* aus. Dann wird mit *KEYBGR* auf deutschen Zeichensatz umgestellt. Schließlich wird mit *DATE* das interne Datum ausgegeben und das aktuelle Datum aufgenommen.

Diese Vermutung zum Aufbau des Files *AUTOEXEC.BAT* läßt sich mit dem Kommando *TYPE* überprüfen, das im folgenden Abschnitt beschrieben wird.

1.4 Files ausgeben (*TYPE*)

Mit dem Kommando *TYPE* läßt sich ausgeben, was ein auf der Diskette gespeicherter File enthält. Insbesondere läßt sich damit die Vermutung über den Kommandostapel von *AUTOEXEC.BAT* bestätigen.

Das Kommando *TYPE* verlangt als Zusatz die Angabe eines Filenamens, dieser File wird dann auf dem Bildschirm ausgegeben:

```
A>TYPE
Invalid number of parameters

A>TYPE Autoexec.BAT
Ver
Keybgr
date
```

Diese Ausgabe bestätigt daß der File *AUTOEXEC.BAT* nur die drei Kommandos *VER*, *KEYBGR* und *DATE* enthält.

Sie können die Ausgabe eines Files mit *TYPE* auch auf den Drucker umlenken, wenn Sie das Kommando mit dem entsprechenden Zusatz (wie bei *DIR*) versehen:

```
A>TYPE Autoexec.BAT >PRN:
```

Die folgenden Beispiele zeigen, daß man bei *TYPE* die Filenamen vollständig angeben muß. Der Zusatz *BAT* oder bei *Pascal*-Programmen *PAS* ist (mit einem Punkt vom Namen getrennt) anzufügen. Es ist nicht erlaubt, für Teile der Bezeichnung einen Stern (*) oder für einzelne Buchstaben ein Fragezeichen (?) einzusetzen:

```
A>Type Autoexec
File not found

A>Type Turbo.*
Invalid filename or file not found

A>Type FORM?T,EXE
Invalid filename or file not found

A>
```

Ein Hinweis zum Starten des Systems: Der Benutzer kann den Batchfile *AUTOEXEC.BAT* nach seinen Wünschen verändern. Er kann z. B. mit dem *PROMPT*-Kommando ein anderes Bereitschaftszeichen vorgeben oder kann die Aufnahme der Uhrzeit mit *TIME* hinzufügen. Auch die Anpassung des

Druckers mit dem Kommando *MODE* kann in den File *AUTOEXEC.BAT* aufgenommen werden.

Im folgenden Beispiel für einen veränderten Startfile wird zunächst die Echoausgabe der Kommandoaufrufe mit *ECHO OFF* ausgeschaltet. Dann werden alle Zeilen mit vorangesetztem *ECHO* auf dem Bildschirm so ausgegeben, wie sie im Stapel stehen. Mit *MODE* wird der Drucker (hier eine Typenradschreibmaschine) angepaßt, und mit dem zweiten *MODE* wird von paralleler Ausgabe auf serielle umgeschaltet.

```
echo off
echo Das MS-DOS wird geladen, bitte warten Sie ...
echo ------------------------------------------------
keybgr
mode com1:4800,e,8,2,P
mode lpt1:=com1:
echo ------------------------------------------------
echo Geben Sie das heutige Datum ein ...
date
echo ------------------------------------------------
echo Nun können Sie das Sprachsystem Turbo Pascal
echo mit der Eingabe von "Turbo" starten ...
```

Der Benutzer kann sich auch neue Batchfiles erstellen, mit denen er bestimmte Abläufe steuern lassen möchte. Mit dem folgenden Batchfile *NEUDISK.BAT* kann eine neue Diskette formatiert, mit den verborgenen Systemfiles (s. Abschnitt 1.6) und dem File *COMMAND.COM* belegt und mit einer Bezeichnung versehen werden:

```
A>type neudisk.bat
echo off
echo ------------------------------------------------
echo Mit diesem Programm wird eine neue Diskette
echo formatiert und mit dem MS-DOS belegt ...
echo ------------------------------------------------
echo Die Diskette ist nach Aufforderung in das
echo Laufwerk B einzulegen.
echo Sie können der Diskette einen Namen geben.
echo ------------------------------------------------
format b:/V/S
echo ------------------------------------------------
echo Damit ist das Formatieren abgeschlossen ...
echo ------------------------------------------------
echo on

A>·
```

Einen neuen Batchfile können Sie mit dem Kommando *COPY* anlegen. Im Abschnitt 1.9 wird gezeigt, wie man dabei vorgeht. Zum Anlegen und zum

Verändern von Batchfiles läßt sich auch ein Editor, das ist ein Textprogramm, einsetzen. Das Betriebssystem *MS-DOS* stellt den Editor *EDLIN* zur Verfügung (s. Abschnitt 1.15). Weitaus leistungsfähiger ist der Editor von *Turbo Pascal,* er wird ausführlich in Abschnitt 2.3 beschrieben. Wenn Sie sich mit ihm vertraut gemacht haben (und das müssen Sie, wenn Sie *Pascal*-Programme schreiben wollen), dann können Sie ihn auch zum Schreiben von Batchfiles einsetzen.

1.5 Disketten formatieren (*FORMAT*)

Bisher haben Sie nur mit der Systemdiskette gearbeitet, wie sie mitgeliefert wurde. Um sie nicht zu gefährden, sollten Sie sich ein Duplikat davon machen oder (noch besser) eine neue Systemdiskette anlegen und darauf die von ihnen benötigten *MS-DOS*-Programme speichern. Auch das Sprachsystem *Turbo Pascal* sollten Sie auf dieser neuen Diskette unterbringen.

Um bei der Arbeit im Sprachsystem *Turbo Pascal* Ihre Programme und andere Files abspeichern zu können, brauchen Sie (mindestens) eine Arbeitsdiskette. Auch dafür legen Sie zweckmäßig vorbereitete Disketten an. Alle neuen Disketten muß man formatieren, bevor man sie „beschreiben" lassen kann.

Beim Formatieren wird die Diskette in Sektoren und Spuren (tracks) aufgeteilt, und das Betriebssystem setzt die Marken, die es beim Zugriff auf die Diskette braucht. Auch der Platz für das Inhaltsverzeichnis wird reserviert und vorbereitet. Beim Formatieren überprüft *MS-DOS* die Diskette auf schadhafte Stellen und markiert diese, damit sie nicht beschrieben werden. Das ist der Grund dafür, daß bei manchen Disketten weniger Speicherplatz als normalerweise verfügbar ist.

Für das Formatieren einer Diskette stellt *MS-DOS* das externe Kommando *FORMAT* zur Verfügung. Bei der Eingabe des Kommandos ist hinzuzufügen, in welchem Laufwerk die zu formatierende Diskette liegt, sonst erfolgt ein Hinweis:

```
A>format
Drive letter must be specified

A>format b:
```

Nach Eingabe des Kommandos mit angefügter Laufwerkbezeichnung werden Sie aufgefordert, die Diskette einzulegen und das Formatieren mit <ENTER> zu starten. Bevor Sie das tun, sollten Sie sich noch einmal genau davon überzeugen, daß Sie keine Diskette eingelegt haben, auf der sich brauchbare oder sogar wertvolle Daten oder Programme befinden. Das Kommando *FORMAT* behandelt neue und schon beschriebene Disketten ganz gleich, und wenn die Diskette schon Daten enthält, dann gehen sie beim Formatieren unwiederbringlich verloren.

```
Insert new diskette for drive B:
and strike ENTER when ready

Format complete

    362496 bytes total disk space
    362496 bytes available on disk

Format another (Y/N)?
```

Nach Abschluß des Formatierens gibt das System an, welcher Speicherplatz auf der Diskette verfügbar ist. Sie können dann weitere Disketten formatieren, indem Sie die entsprechende Antwort (Y) eingeben.

An das Kommando *FORMAT* muß die Bezeichnung des Laufwerks angefügt werden, man kann darüberhinaus noch weitere Vorgaben machen:

1. Man kann vorgeben, daß nur eine Seite der Diskette formatiert wird, indem man /1 anfügt.

```
A>format b: /1
Insert new diskette for drive B:
and strike ENTER when ready

Format complete

    179712 bytes total disk space
    179712 bytes available on disk
```

2. Mit dem Zusatz */V* erreicht man, daß man für die formatierte Diskette eine Bezeichnung (Label) eingeben kann:

```
A>Format B: /V
Insert new diskette for drive B:
and strike ENTER when ready

Format complete

Volume label (11 characters, ENTER for none)? SystDisk 1

    362496 bytes total disk space
    362496 bytes available on disk
```

Sie können sich mit dem Kommando *VOL* davon überzeugen, daß der Diskettenname aufgenommen wurde.

3. Mit dem Zusatz */S* wird veranlaßt, daß die Diskette nach dem Formatieren die beiden verborgenen Systemfiles (s. Abschnitt 1.6) und den File *COMMAND.COM* mit den internen Kommandos übertragen erhält. Dazu muß im Laufwerk *A* eine Diskette liegen, auf der diese Files vorhanden sind.

```
A>Format b: /S
Insert new diskette for drive B:
and strike ENTER when ready

Format complete
System transferred

     362496 bytes total disk space
      69632 bytes used by system
     292864 bytes available on disk

Format another (Y/N)?n
A>Dir b:

 Volume in drive B has no label
 Directory of  B:\

COMMAND   COM     23612    7.07.86   12.00
        1 File(s)      292864 bytes free

A>
```

Sie können auch mehrere der angegebenen Zusätze an das *FORMAT*-Kommando anfügen. So ist das folgende Kommando zulässig:

```
A>Format B: /1 /V /S
```

Für die Reihenfolge der Zusätze ist nur zu beachten, daß der Systemzusatz */S* an letzter Stelle steht.

Nun können Sie den Batchfile *NEUDISK.BAT* des Abschnitts 1.3 deuten: Die neue Diskette wird auf beiden Seiten formatiert, dann erhält sie eine Bezeichnung, und schließlich werden die verborgenen Systemfiles und *COMMAND.COM* darauf abgelegt.

1.6 System kopieren (*SYS*)

Bei der Beschreibung des Formatierens ist mehrfach von den beiden verborgenen Files des Betriebssystems *MS-DOS* gesprochen worden. Es handelt sich um die Systemfiles *MSDOS.SYS* und *IO.SYS*, die nicht im Inhaltsverzeichnis aufgeführt und daher „verborgen" genannt werden. Die Ergänzung *SYS* weist — wie bei anderen Files der Systemdiskette — darauf hin, daß sie zum Kern des Betriebssystems gehören.

Was in den beiden Files enthalten ist, soll hier nur angedeutet werden:

MSDOS.SYS enthält die Basisprogramme des Betriebssystems; sie werden beim Starten in den Hauptspeicher geladen und steuern z. B. die Ausführung der Kommandos von *MS-DOS*.

IO.SYS enthält die Programme, mit denen die Vorgänge bei der Eingabe (Input) und bei der Ausgabe (Output) gesteuert werden.

Die beiden verborgenen Systemfiles sind auf den beiden ersten Spuren der Systemdiskette abgelegt. Man kann sie auf eine neue Diskette übertragen, wenn man an das *FORMAT*-Kommando den Zusatz /S anhängt (s. Abschnitt 1.5). Dieser Zusatz bewirkt, daß die formatierte Diskette auf den ersten Spuren die beiden verborgenen Systemfiles und zusätzlich den File *COMMAND.COM* erhält.

Mit dem Kommando *SYS* kann man die beiden Files *MSDOS.SYS* und *IO.SYS* auf eine neuformatierte oder auf eine schon belegte Diskette übertragen. An das Kommando ist die Bezeichnung des Laufwerks anzufügen, in dem die Empfänger- oder Zieldiskette liegt. Als Quelldiskette dient die Diskette im angemeldeten Laufwerk; es ist sicherzustellen, daß diese die beiden Systemfiles und den File *SYS.COM* enthält.

Nach der Ausführung des Kommandos wird gemeldet, ob die Übertragung erfolgreich war oder aus welchen Gründen sie scheiterte:

```
A>SYS b:
System transferred

A>SYS b:

Write protect error writing drive B
Abort, Retry, Ignore? a

A>
```

Beim zweiten Übertragungsversuch war die Zieldiskette schreibgeschützt. Eine Übertragung kann auch daran scheitern, daß sich auf der Zieldiskette schon Systemfiles mit anderem Speicherplatzbedarf befinden. Das ist oft der Fall, wenn man die Systemfiles einer neueren Version von *MS-DOS* auf Diskctten legen will, die eine andere Version enthalten. In diesem Fall muß man die Diskette (nach Sicherung der Daten) neu formatieren.

1.7 Disketten kopieren und vergleichen (*DISKCOPY, DISKCOMP*)

Man kann den Inhalt einer ganzen Diskette einschließlich der beiden verborgenen Systemfiles auf eine andere übertragen. Dieses leistet das Kommando *DISKCOPY*. Anzufügen sind die Laufwerkbezeichnungen von Quell- und Zieldiskette (in dieser Reihenfolge):

```
A>DISKCOPY A: B:

Insert SOURCE diskette in drive A:

Insert TARGET diskette in drive B:

Press any key when ready . . .

Copying 40 tracks
9 Sectors/Track, 2 Side(s)

Formatting while copying


Copy another diskette (Y/N)?y

Insert SOURCE diskette in drive A:

Insert TARGET diskette in drive B:

Press any key when ready . . .
```

Das System fordert Sie auf, die beiden Disketten einzulegen und das Kopieren mit einer beliebigen Taste zu starten.

Dem Bildschirmprotokoll läßt sich entnehmen, daß im Kopierprogramm *DISKCOPY.EXE* auch der Fall vorgesehen ist, daß die Zieldiskette noch nicht formatiert ist. Dann wird sie vor der Übertragung der Daten formatiert. Sie brauchen also eine Diskette, auf der sie ein Duplikat einer anderen anlegen wollen, nicht vorher mit dem *FORMAT*-Kommando zu formatieren.

Wollen Sie nur eine Seite einer Diskette kopieren, dann können Sie (wie beim Formatieren) den Zusatz /1 anfügen:

```
A>Diskcopy A: B: /1
```

Das Kopieren läßt sich auch mit nur einem Laufwerk ausführen.

Wenn Sie keine Laufwerkbezeichnung angeben, wird im angemeldeten Laufwerk kopiert:

```
A>Diskcopy
```

Sie können auch die gleiche Laufwerkbezeichnung für Quell- und Zieldiskette angeben:

```
A> Diskcopy B: B:
```

Beim Kopieren in nur einem Laufwerk werden Sie vom System rechtzeitig aufgefordert, die Disketten einzulegen oder zu wechseln.

Ob die Zieldiskette genau den gleichen Inhalt wie die Quelldiskette bekommen hat, läßt sich mit dem Kommando *DISKCOMP* überprüfen. Ihm sind die Laufwerkbezeichnungen wie beim Kopierkommando anzufügen. Fehlt eine Laufwerkangabe, dann werden die Disketten im angemeldeten Laufwerk verglichen:

```
A>Diskcomp

Insert FIRST diskette in drive A:

Press any key when ready . . .

Comparing 40 tracks
9 sectors per track, 2 side(s)

Insert SECOND diskette in drive A:

Press any key when ready . . .

Compare OK


Compare another diskette (Y/N) ?
```

Zum Abschluß des Vergleichs wird das Ergebnis ausgegeben. Stellt das System Unterschiede fest, so meldet es dies als Fehler und gibt die Diskettenseite und die Spur an:

```
A>Diskcomp a: b:

Insert FIRST diskette in drive A:

Insert SECOND diskette in drive B:

Press any key when ready . . .

Comparing 40 tracks
9 sectors per track, 2 side(s)

Compare error on side 0, track 0

Compare error on side 0, track 2

Compare error on side 1, track 5

Compare error on side 0, track 8
```

Werden solche Fehler nach dem Kopieren einer Diskette gemeldet, dann sollte man es wiederholen.

Mit dem Kommando *DISKCOPY* können Sie jetzt ein Duplikat der Systemdiskette für Ihre weitere Arbeit herstellen. Auch die mit

```
A>FORMAT B: /S
```

erstellte Arbeitsdiskette kann so kopiert werden.

1.8 Diskette bezeichnen (*LABEL*)

Beim Kopieren einer Diskette mit *DISKCOPY* wird auch ihre Bezeichnung übertragen. Sie können dem Duplikat (oder einer anderen Diskette) eine neue Bezeichnung geben, indem Sie das Kommando *LABEL* aufrufen. Anzufügen ist die Bezeichnung des Laufwerks, in dem die neu zu bezeichnende Diskette liegt:

```
A>label a:

Volume in drive A is 320_PC10-20

Volume label (11 characters, ENTER for none)? SystemDisk

A>
```

Auf dem Bildschirm wird zunächst die aktuelle Bezeichnung ausgegeben. Dann haben Sie die Möglichkeit, eine neue Bezeichnung einzugeben; dafür können Sie bis zu 11 Zeichen verwenden. Geben Sie nichts ein und schließen gleich mit <ENTER>, dann bleibt die bisherige Bezeichnung erhalten. Das ist z. B. dann wichtig, wenn Sie das *LABEL*-Kommando verwenden, um sich zu überzeugen, daß die richtige Diskette im Laufwerk liegt.

1.9 Files kopieren (*COPY*)

Mit dem Kommando *COPY* lassen sich einzelne (und mehrere) Files kopieren. Man kann sie auf eine andere Diskette, auf die Festplatte oder (unter einem anderen Namen) auf die gleiche Diskette übertragen. Auch die Ausgabe des Files auf dem Bildschirm oder mit dem Drucker läßt sich mit dem Kommando *COPY* steuern. Schließlich kann man damit auch einen neuen File auf der Diskette oder der Festplatte anlegen. Insbesondere kann man einen Batchfile erstellen (s. Abschnitt 1.4). Welche dieser vielen Anwendungsmöglichkeiten man nutzen will, gibt man durch Zusätze, die Gerätebezeichnungen und Filenamen enthalten, beim Aufruf von *COPY* an.

Schon beim Kopieren von Files von einer Diskette auf eine andere gibt es eine Reihe von Möglichkeiten. Einige davon werden an Beispielen gezeigt. Allgemein gilt, daß zunächst die Quelle und dann das Ziel angegeben wird. Man kann die Angaben aber unter bestimmten Bedingungen fortlassen und man darf den Stern (*) für Teile der Filebezeichnung verwenden.

Beispiele:

```
A>COPY B:SYS.COM A:System.EXE
```

liest den File *SYS.COM* von der Diskette in *B* und legt ihn unter dem Namen *System.EXE* auf *A* ab.

```
A>Copy B:SYS.COM A:
```

Liest *SYS.COM* von *B* und legt es unter gleichem Namen auf *A* ab.

```
A>copy Turbo.COM B:
```

Liest *TURBO.COM* von der angemeldeten Diskette *A* und legt es unter gleichem Namen auf *B* ab.

```
A>COPY B:Autoexec.BAT
```

Liest *AUTOEXEC.BAT* von *B* und legt es unter gleichem Namen auf der angemeldeten Diskette *A* ab.

```
A>COPY Autoexec.BAT B:
```

Liest *AUTOEXEC.BAT* von *A* und legt es auf *B* ab.

```
C>Copy B:Turbo.MSG
```

Liest *TURBO.MSG* von *B* und legt es auf der Festplatte ab.

```
A>copy Turbo.COM TPascal.COM
```

Legt *TURBO.COM* unter dem Namen *TPASCAL.COM* auf der gleichen Diskette *A* ab.

```
B>COPY Turbo.* A:
```

Liest alle Files mit dem Namen *Turbo* (und beliebiger Ergänzung) von *B* und legt sie auf *A* ab.

```
B>Copy A:*.PAS
```

Liest alle Files mit der Ergänzung *PAS*, d.h. alle *Pascal*-Programme, von *A* und legt sie auf *B* ab.

```
B>COPY *.* A:
```

Überträgt alle Files von *B* nach *A*.

Das Kopieren aller Files ist zu unterscheiden vom Kopieren einer ganzen Diskette mit *DISKCOPY*. Die Bezeichnung der Diskette und die verborgenen Systemfiles werden nicht mitkopiert, außerdem werden die kopierten Files geschlossen abgelegt, auch wenn sie auf der Quelldiskette auf verschiedene Diskettenabschnitte verteilt liegen.

Nach dem Filekopieren mit *COPY* wird vom System gemeldet, wie viele Files
übertragen wurden und welche es sind:

```
A>Copy b:Turbo.com
        1 File(s) copied

A>Copy Turbo.COM b:
        1 File(s) copied

A>Copy B:T*.*
B:TURBO.COM
B:TURBO.MSG
B:TESTUMLA.PAS
        3 File(s) copied

A>
```

In das *COPY*-Kommando kann man statt der Laufwerkbezeichnung auch
andere Gerätebezeichnungen einsetzen. Wenn man auf den Bildschirm übertragen will, nimmt man die Bezeichnung *CON* (von Konsole):

```
A>Copy Autoexec.BAT CON:
```

Liest *AUTOEXEC.BAT* von *A* und gibt es auf dem Bildschirm aus.

Mit einem COPY-Kommando läßt sich also das gleiche erreichen wie mit
TYPE (s. Abschnitt 1.4).

Wenn die Gerätebezeichnung *CON* für das Quellgerät angegeben wird, dann
bezieht sie sich auf die Tastatur. Damit können Sie einen neuen File anlegen
und auf der Diskette abspeichern. Das folgende Beispiel zeigt, wie Sie einen
neuen Batchfile *AUTOEXEC.BAT* (s. Abschnitt 1.4) anlegen und auf *A*
ablegen können:

```
A>Copy CON: Autoexec.BAT
Echo off
Echo Starten des Betriebssystems ...
Echo ------------------------------
Ver
Echo Umschalten auf deutschen Zeichensatz ...
Keybgr
Echo Eingabe des aktuellen Datums ...
Date
Echo ------------------------------
Echo Nun kann man Kommandos eingeben
Echo oder Turbo Pascal starten ...
^Z
        1 File(s) copied

A>
```

Die Eingabe der einzelnen Zeilen wird mit <ENTER>, die des Batchfiles wird mit den Tasten <Ctrl> <Z> abgeschlossen.

Wenn Sie nun *AUTOEXEC* aufrufen oder das System neu starten, dann erhalten Sie das folgende Schirmbild:

```
A>Autoexec

A>Echo off
Starten des Betriebssystems ...
------------------------------

MS-DOS Version 3.20
Umschalten auf deutschen Zeichensatz ...
Eingabe des aktuellen Datums ...
Current date is Wed 30.09.1987
Enter new date (dd-mm-yy): 1.10.87
------------------------------
Nun kann man Kommandos eingeben
oder Turbo Pascal starten ...

A>
```

Schließlich kann man mit dem *COPY*-Kommando auch Files ausdrucken lassen, indem man für das Ausgabegerät die Druckerbezeichnung *PRN* (oder *LPT1*) angibt:

```
A>Copy Auto*.* PRN:

AUTOEXEC.BAT
        1 File(s) copied
```

Dieses Kommando können Sie insbesondere dann anwenden, wenn Sie ein Pascal-Programm ausdrucken wollen.

Eine besondere Kombination von Geräten zeigt das folgende Kommando:

```
B>COPY CON: PRN:
Mit diesem Kommando kann man einen Text mit
Tastatur und Bildschirm schreiben und dann
ausdrucken lassen !
^Z
        1 File(s) copied

B>
```

Der von der Tastatur eingegebene Text wird zum Drucker kopiert.

1.10 Files umbenennen (*REN(AME)*)

Der Benutzer kann den Namen eines (oder mehrerer) Files ändern, indem er das interne Kommando *RENAME* oder verkürzt *REN* aufruft. Anzufügen sind der bisherige Name des Files und danach der neue. Beim ersten File muß das Laufwerk genannt werden, wenn es nicht das angemeldete ist. Beim zweiten Filenamen darf kein anderes Laufwerk angegeben werden, da das System nur innerhalb einer Diskette umbenennen kann.

```
A>ren pascal.* turbo.*

A>Ren B:Testumla.Pas Test01.Pas

A>Ren B:Auto*.BAT A:Autostart.BAT
Invalid parameter

A>
```

Das Beispiel zeigt, daß auch ein Stern (*) für einen Teil des Namens eingesetzt werden darf.

Das System meldet nicht gesondert den Abschluß der Umbenennung. Will man sich davon überzeugen, daß die Files umbenannt sind, kann man sich mit *DIR* das Inhaltsverzeichnis ausgeben lassen:

```
A>rename Turbo.* Pascal.*

A>Dir A:\


 Volume in drive A is TURBO START
 Directory of  A:\

COMMAND   COM      23612    7.07.86   12.00
   ...

PASCAL    COM      39671    1.01.80    1.07
PASCAL    MSG       1536    1.03.85    3.33
   ...
```

Mit *REN* läßt sich auch die Ergänzung des Filenamens verändern:

```
A>Ren *.COM *.EXE
```

Bei einem solchen Umbenennen ist aber achtzugeben, daß dies nicht bei einem File geschieht, bei dem es garnicht beabsichtigt war.

1.11 Files löschen (*DEL* oder *ERASE*)

Man kann einen File aus dem Inhaltsverzeichnis einer Diskette mit dem Kommando *DEL* (oder *ERASE*) löschen. Nach der Ausführung des Kommandos sind die Daten des Files zwar nach wie vor auf der Diskette vorhanden, doch der von ihm belegte Platz ist zum Überschreiben freigegeben.

Die Ausführung des Löschens wird nicht gesondert gemeldet, im folgenden Beispiel ist daher zur Kontrolle vorher und danach das Inhaltsverzeichnis mit *DIR* ausgegeben worden:

```
A>dir b:

 Volume in drive B is DISK TEST
 Directory of  B:\

COMMAND   COM    23612    7.07.86   12.00
TURBO     COM    39671    1.01.80    1.07
TURBO     MSG     1536    1.03.85    3.33
TEST01    PAS      353    7.07.87    0.25
TPASCAL   COM    39671    1.01.80    1.07
AUTOEXEC  BAT      206   27.09.87    3.42
KEYBGR    COM     1006    6.06.85   12.00
        7 File(s)     207872 bytes free


A>Del B:Test01.PAS

A>Erase B:TPascal.COM

A>Dir B:

 Volume in drive B is DISK TEST
 Directory of  B:\

COMMAND   COM    23612    7.07.86   12.00
TURBO     COM    39671    1.01.80    1.07
TURBO     MSG     1536    1.03.85    3.33
AUTOEXEC  BAT      206   27.09.87    3.42
KEYBGR    COM     1006    6.06.85   12.00
        5 File(s)     248832 bytes free

A>
```

Im Filenamen darf man für einen Teil einen Stern (*) einsetzen. Man kann z. B. mit

```
A>Erase T*.COM
```

alle COM-Files löschen, deren Name mit T beginnt.

Mit einem Stern für den gesamten Namen lassen sich alle Files mit gleicher Ergänzung löschen. Davon werden Sie bei der Arbeit mit *Turbo Pascal* Gebrauch machen. Wenn Sie *Pascal*-Programme schreiben und verändern, wird vom System jeweils eine Sicherheitskopie des bearbeiteten *PAS*-Files mit der Ergänzung *BAK* (von Backup) angelegt. Alle Sicherheitskopien wird man von Zeit zu Zeit mit

```
A> DEL B:*.BAK
```

löschen, um den von ihnen belegten Platz neu beschreiben zu können.

Mit dem Kommando *DEL* bzw. *ERASE* sollte man sehr sorgsam umgehen! Es ist (fast) unmöglich, einen gelöschten File zurückzugewinnen.

1.12 Datum und Uhrzeit (*DATE, TIME*)

Mit dem Kommando *DATE* kann man das im Computer gespeicherte Datum ausgeben lassen und kann es aktualisieren.

```
A>Date
Current date is Thu  1.10.1987
Enter new date (dd-mm-yy): 2-10-87

A>Date
Current date is Fri  2.10.1987
Enter new date (dd-mm-yy): 2,10,87

Invalid date
Enter new date (dd-mm-yy): 2.10.78

Invalid date
Enter new date (dd-mm-yy): 2.10.90
```

Bei der Eingabe ist auf die Schreibweise zu achten. In manchen Versionen wird nur der Punkt, in anderen nur der Bindestrich als Trennzeichen angenommen. Das eingegebene Datum wird überprüft, soweit es möglich ist. So wird für den Monat nur eine Zahl von 1 bis 12 angenommen, für das Jahr kein Wert unter 80.

Bei der Ausgabe des Datums setzt das System automatisch den Wochentag hinzu. Sie können das Kommando *DATE* also auch dann verwenden, wenn Sie wissen möchten, auf welchen Wochentag Ihr 50. Geburtstag fällt.

Mit dem Kommando *TIME* erhalten Sie die Systemzeit und können sie
aktualisieren:

```
A>Time
Current time is  0.13.12,46
Enter new time: 7.45

A>Time
Current time is  7.45.07,53
Enter new time: 7.64

Invalid time
Enter new time: 7.52,5

Invalid time
Enter new time: 7-45

Invalid time
Enter new time:
```

Bei der Eingabe einer neuen Zeit brauchen nicht alle Angaben bis hin zu
0,01 Sekunden eingegeben zu werden. Doch ist die geforderte Schreibweise
einzuhalten, und unzulässige Zeitangaben nimmt das System nicht an.

Die Aufforderung zur Eingabe eines neuen Datums oder einer neuen Zeit
können Sie auch mit dem Drücken der Eingabetaste <ENTER> beantworten, ohne neu einzugeben. Dann behält das System die bisherigen Werte bei.
Wenn Sie aber Wert darauf legen, daß Ihre Programme und Dateien mit dem
Datum und der Uhrzeit des Abspeicherns versehen werden, dann sollten Sie
diese Angaben vorher aktualisieren.

1.13 Unterverzeichnisse (*MKDIR, CHDIR*)

Das Inhaltsverzeichnis (Directory) einer Diskette kann sehr lang und unüber-
sichtlich werden. Das gilt insbesondere für eine Festplatte mit ihrer großen
Speicherfähigkeit. Das Betriebssystem *MS-DOS* bietet daher an, zum Inhaltsverzeichnis (als Hauptverzeichnis) Unterverzeichnisse anzulegen und gespeicherte Files in solchen Unterverzeichnissen zu führen. Dadurch gliedert man
den Inhalt einer Diskette (oder Festplatte) in einer Baumstruktur und
erleichtert sich den Überblick über die abgelegten Files.

Mit dem (internen) Kommando *MKDIR* (oder kurz *MD*) kann der Benutzer
ein neues Unterverzeichnis auf der Diskette (oder der Festplatte) einrichten.
Anzufügen ist ein Name für das Unterverzeichnis, der wie ein Filenamen mit
einem Buchstaben beginnt und bis zu 8 Zeichen enthalten darf. Auch eine
Ergänzung (mit max. 3 Zeichen) darf man − wie bei Filenamen − nach
einem Punkt hinzusetzen.

Will man z.B. auf der Diskette im Laufwerk *B* ein Unterverzeichnis unter
dem Namen *TURBO* anlegen, dann gibt man das folgende Kommando ein:

```
A>MKDIR B:\ Turbo
```

Der dem Namen *Turbo* vorangestellte Schrägstrich \ (Slash) gibt an: Das
Unterverzeichnis *TURBO* soll dem Hauptverzeichnis unmittelbar ange-
schlossen werden. Fehlt der Schrägstrich, dann wird das neue Verzeichnis
dem jeweils aktuellen untergeordnet. Die Laufwerkangabe ist nur dann
erforderlich, wenn nicht das aktuelle Laufwerk angesprochen werden soll.

```
EDITOR1  PAS      9323   10.12.87   3.40
PROGRAMM PAS        51   23.10.87   0.12
TURBO           <DIR>    23.10.87   0.25
```

Nun kann man Files in das (zunächst leere) Unterverzeichnis *TURBO* aufnehmen. Wird dann der Inhalt der Diskette *B* mit dem Kommando *DIR B:*
aufgelistet, erscheint nur das mit <DIR> als Verzeichnis kenntlich gemachte
TURBO, nicht die darin gespeicherten Files. Diese kann man mit dem
Kommando *DIR* und Angabe des Unterverzeichnisnamens erhalten:

```
A>DIR B:\ Turbo


    Volume in drive B has no label
    Directory of  B:\TURBO

              <DIR>     23.10.87   0.25
    ..        <DIR>     23.10.87   0.25
    PROGRAMM PAS    108 23.10.87   0.32
    SPIEL1   PAS     79 23.10.87   1.30
    SPIEL2   PAS     80 23.10.87   1.30
         5 File(s)    263168 bytes free
```

In einem Unterverzeichnis können weitere Unterverzeichnisse angelegt
werden. Dadurch entsteht eine Baumstruktur, die sich immer weiter ver-
zweigen kann. Mit dem Kommando

```
A>MD B:\ Turbo \ Programm \ Text
```

wird innerhalb des Unterverzeichnisses *TURBO* ein neues Verzeichnis
PROGRAMM und darin das Verzeichnis *TEXT* angelegt. Die Namen der

eingeschachtelten Unterverzeichnisse werden durch den Schrägstrich getrennt.

In einen solchen Zweig des Baumes (auch Pfad genannt) wird man Files ablegen, die inhaltlich zusammengehören oder aufeinander zugreifen. Dadurch entstehen innerhalb der Gesamtheit der gespeicherten Files überschaubare Gruppen. Auf die Files einer Gruppe läßt sich mit manchen Kommandos geschlossen zugreifen, wenn man den Namen des Unterverzeichnisses hinzufügt. So kann man z. B. alle Files eines Unterverzeichnisses auf einmal löschen:

```
A>DEL  B:\ Turbo \*.*
```

Mit dem Kommando *COPY* läßt sich ein File aus einem Unterverzeichnis in ein anderes kopieren. Das Kommando

```
A>Copy B: \ Turbo \ Spiel1.PAS B:\Spiel1.PAS
```

kopiert das Pascal-Programm *SPIEL1* aus dem Unterverzeichnis *TURBO* ins Hauptverzeichnis. Beachten Sie, daß damit zwei Files unter dem gleichen Namen *SPIEL1.PAS* auf der Diskette vorkommen. Eine Namengleichheit ist nur innerhalb eines einzelnen Verzeichnisses unzulässig.

Mit dem (internen) Kommando *CHDIR* (oder kurz *CD*) kann man das aktuelle Verzeichnis wechseln (Change Directory). Vom Hauptverzeichnis aus kann man in ein Unterverzeichnis gelangen und umgekehrt. Oder man kann von einem Unterverzeichnis in ein anderes übergehen.

Mit dem folgenden Kommando macht man das Unterverzeichnis *TURBO* zum aktuellen Verzeichnis:

```
B>CHDIR  \Turbo
```

Das Kommando

```
B>CD \
```

aktualisiert das Hauptverzeichnis der Diskette in *B*.

Die Aufgliederung des Disketteninhaltes in Hauptverzeichnis und Unterverzeichnisse hat das Sprachsystem *Turbo Pascal* übernommen. Sie werden die Vorzüge beim Ordnen Ihrer Programme ausnutzen können (s. Abschnitt 2.2.1).

1.14 Weitere Kommandos (*CHKDSK, MODE, PRINT*)

Das Betriebssystem *MS-DOS* verfügt über weitere Kommandos, von denen einige gelegentlich für Ihre Arbeit gebraucht werden könnten. Diese sollen daher ganz kurz angesprochen werden.

Mit dem Kommando *CHKDSK* läßt sich der Zustand einer Diskette überprüfen. Das System gibt den Belegungsstand der Diskette aus:

```
B> chkdsk a:
Volume SYSTEMTURBO created 27 Sep 1987 3.06

   362496 bytes total disk space
    45056 bytes in 3 hidden files
   152576 bytes in 17 user files
   164864 bytes available on disk

   655360 bytes total memory
   594128 bytes free

B>
```

Das Kommando *MODE* dient zum Anpassen externer Geräte wie Monitor oder Drucker an den PC. Zwei Beispiele für die Druckersteuerung sollen das erläutern:

```
A>MODE LPT1: 80,6
```

stellt die Druckerausgabe auf 80 Zeichen pro Zeile und auf 6 Zeilen pro Zoll ein.

```
A>MODE COM1:4800
COM1: 4800,e,7,1 -
```

stellt für die serielle Ausgabe die Baud-Rate 4800 ein, alle anderen Werte wie Parität, Datenbits und Stopbits werden übernommen. Das wird vom System angezeigt.

Man kann auch alle Werte vorgeben und man kann von paralleler Ausgabe
auf serielle umschalten:

```
B>MODE COM1:4800,e,8,2,p
COM1: 4800,e,8,2,p

B>MODE LPT1:=COM1:
LPT1: redirected to COM1:

B>
```

Genauere Angaben zum MODE Kommando und zu den erforderlichen Werten entnehmen Sie dem Handbuch Ihres PC.

Das Kommando *PRINT* läßt sich einsetzen, wenn Sie mehrere Files ausdrucken lassen wollen. Der File, dessen Name Sie anfügen, wird in eine
Warteschlange eingefügt. Wenn Sie */P* (oder nichts) hinzufügen, wird der
File in die Schlange aufgenommen oder gleich ausgedruckt, wenn die Schlange
leer ist.

```
B>PRINT A:Autoexec.BAT /P
Name of list device [.PRN]:
Resident part of PRINT installed

    A:\AUTOEXEC.BAT is currently being printed

B>PRINT A:Neudisk.BAT

    A:\NEUDISK.BAT is currently being printed

B>
```

Wenn Sie an den Namen des Files */C* (von Cancel) anfügen, dann wird er aus
der Warteschlange gelöscht. Mit dem Hinzufügen von */T* (von Terminate)
können Sie das gesamte Ausdrucken beenden.

Wenn Sie das Kommando *PRINT* ohne Filenamen eingeben, dann erhalten
Sie eine Liste der Files, die noch in der Warteschlange enthalten sind.

Eine ausführliche Darstellung dieser und der hier nicht erwähnten Kommandos entnehmen Sie bitte einem Buch über *MS-DOS*[1] oder dem Handbuch
Ihres PC.

---

[1] Für Einsteiger ist das Buch von Van Wolverton zu empfehlen, das in deutscher Übersetzung unter
dem Titel *MS-DOS* beim Vieweg-Verlag erschienen ist.

1.15 Zeileneditor *EDLIN* und weitere Hilfsprogramme

Den Editor von *MS-DOS* ruft man mit *EDLIN* auf und fügt den Namen des Files hinzu, den man edieren möchte. Dann meldet sich der Editor mit dem Stern (*) als Bereitschaftszeichen, und man kann die verfügbaren Editorbefehle eingeben:

```
A>B:EDLIN A:TEXT.DAT
New file
*I
        1:*Mit dem EDLIN-Befehl I kann man
        2:*Zeilen in den Text eingeben.
        3:*^Z
*A
End of input file
*1
        1:*Mit dem EDLIN-Befehl I kann man
        1:*Mit dem EDLIN-Befehl A kann man
*2L
        2: Zeilen in den Text eingeben.
*2
        2:*Zeilen in den Text eingeben.
        2:*Zeilen an den Text anfuegen.
*Q
Abort edit (Y/N)? y
A>
```

Auf die Befehle von *EDLIN* soll hier nicht eingegangen werden, da das Sprachsystem *Turbo Pascal* einen eigenen (und sehr viel leistungsfähigeren) Editor anbietet. Wer sich mit *EDLIN* vertraut machen will, sei auf das Buch *MS-DOS* oder auf das Handbuch zu seinem PC verwiesen. Dem Handbuch können Sie auch die für *EDLIN* speziell angepaßte Belegung der Funktionstasten entnehmen.

Dort können Sie sich auch über die folgenden Hilfsprogramme von *MS-DOS* informieren:

Mit dem Vergleichsprogramm *FC* (Files Compare) kann man Dateien zeilenweise oder zeichenweise miteinander vergleichen. Für IBM-Computer gibt es dafür das Kommando *COMP*.

Mit dem Bindeprogramm *LINK* lassen sich Programmfiles erstellen und bearbeiten.

Das Testhilfeprogramm *DEBUG* läßt sich zum Testen von Programmen einsetzen.

1.16 Sondertasten

Abschließend sei darauf hingewiesen, daß für die Arbeit in *MS-DOS* bestimmte Tasten und Tastenkombinationen zur Verfügung stehen.

1.   <Ctrl> <S>   oder   <Ctrl> <NumLock>

unterbricht die Ausgabe von Daten auf dem Bildschirm, etwa die Ausgabe des Inhaltsverzeichnisses mit *DIR*. Die Ausgabe kann mit einer beliebigen Taste fortgesetzt werden.

2.   <Ctrl> <C>   oder   <Ctrl> <Break>

bricht die Ausführung eines *MS-DOS*-Kommandos ab.

3.   <Ctrl> <P>

schaltet die parallele Druckerausgabe ein und wieder aus.
Alle darauffolgenden Tastatureingaben werden auf dem Bildschirm und parallel dazu vom Drucker ausgegeben. Die Druckerausgabe wird mit der erneuten Einabe von <Ctrl> <P> wieder ausgeschaltet.

4.   <PrtSc>

bewirkt die Ausgabe des Schirmbildinhaltes auf dem Drucker. Damit lassen sich Bildschirmprotokolle festhalten.

5.   <Alt> <Ctrl> <Del>

startet *MS-DOS* neu.

Für das Schreiben und das Verändern von Kommandos lassen sich einige Tasten zweckmäßig einsetzen:

6.   <←> Linkspfeil

löscht das Zeichen links vom Cursor.

7.   <→> Rechtspfeil oder <F1>

fügt das Zeichen an, das im vorangehenden Kommando an dieser Stelle stand.

8.   <F3>

fügt alle Zeichen des vorangehenden Kommandos ein. Wenn man <F3> hinter dem Bereitschaftszeichen eingibt, wird das letzte Kommando wiederholt.

Weitere Funktionstasten erlauben, Teile von Kommandos zu übernehmen. Darüber informiert Sie das Handbuch.

2 Sprachsystem Turbo Pascal

Das Sprachsystem *Turbo Pascal* wird auf einer Diskette geliefert[1]). Mit dem *MS-DOS*-Kommando *DIR* können Sie sich anschauen, welche Files die Diskette enthält.

```
READ       ME        9622   17.04.85   20.11
TURBO      COM      39671    1.01.80    1.07
TURBO      MSG       1536    1.03.85    3.33
GRAPH      P         3328    1.03.85    3.38
GRAPH      BIN       5134    1.03.85    3.33
TINST      COM      29954    1.03.85    3.38
TTNST      MSG       4224    5.03.85    2.27
LISTER     PAS       5444   18.03.85   15.56
TURTLE     PAS       7326   18.03.85   14.33
CMDLIN     PAS        636   18.03.85   19.05
DIRECT     PAS       2468   18.03.85   19.12
ART        PAS       3590   18.03.85   17.15
COLOR      PAS       4152   18.03.85   15.26
WINDOW     PAS       3084   18.03.85   17.21
SOUND      PAS       2451   18.03.85   17.27
EXTERNAL   DOC       1758    1.01.80    8.14
DOSFCALL   DOC       1309    1.01.80    7.28
INTRPTCL   DOC       1303    1.01.80    7.33
CALC       PAS      34469   18.03.85   15.18
CALCDEMO   MCS      11760    1.03.85    3.35
CALCMAIN   PAS        780    1.03.85    3.36
CALC       HLP       4803    1.03.85    3.35
ACCESS3    BOX      10747   18.03.85   15.34
```

Zum eigentlichen Sprachsystem gehören die Files, deren Namen mit *Turbo* anfangen, insbesondere der File *TURBO.COM*.

Außer den *Turbo*-Files enthält die Diskette eine Reihe weiterer Programme und Textdateien. Was sie leisten, können Sie dem Handbuch entnehmen, das (in deutscher Sprache) zur Diskette mitgeliefert wird.

Das Programm *TINST.COM* dient zur eigenen Anpassung (Installierung) des Programms *TURBO.COM* an den jeweiligen PC. Wenn Sie bei der Bestellung Ihrer *Turbo Pascal*-Diskette die Gerätekonfiguration genau angeben, dann erhalten Sie ein darauf angepaßtes Sprachsystem *Turbo Pascal* und brauchen nicht selbst anzupassen.

---

1) Vertrieb für die Bundesrepublik Deutschland durch die Softwarefirma Heimsoeth, Lindwurmstr. 88, 8000 München 2

Wenn Sie das Sprachsystem mit dem Programm *TINST.COM* selbst installieren, können Sie dabei insbesondere die Tasten für das Edieren im *Turbo*-Editor nach Ihren Wünschen vorgeben. Wie Sie beim Installieren vorzugehen haben, entnehmen Sie den Hinweisen beim Ablauf des Programms *TINST* und dem Handbuch.

Die folgende Beschreibung des Umgangs mit dem Sprachsystem *Turbo Pascal* setzt voraus, daß Sie ein auf Ihren PC und Ihren Monitor angepaßtes Programm *TURBO.COM* zur Verfügung haben.

2.1 Starten von *Turbo Pascal*

Bevor Sie mit *Turbo Pascal* zu arbeiten beginnen, sollten Sie eine Kopie Ihrer Originaldiskette mit *DISKCOPY* (s. Abschnitt 1.7) herstellen. Weiterhin sollten Sie eine eigene Diskette anlegen, die das Betriebssystem *MS-DOS* und dazu das Sprachsystem *Turbo Pascal* enthält. Wie Sie dabei vorgehen, ist in Kapitel 1 ausführlich beschrieben worden. Sie können diese Diskette mit einem eigenen Startprogramm *AUTOEXEC.BAT* für *MS-DOS* versehen (s. Abschnitt 1.9). In diesen Batchfile kann man als abschließendes Kommando den Aufruf von *TURBO.COM* aufnehmen:

```
Echo off
Echo Das Betriebssystem MS-DOS wird geladen ...
Echo ---------------------------------------------
Ver  ·
Echo Umstellung auf deutschen Zeichensatz
Keybgr
Echo Anpassung des Typenraddruckers
Mode com1:4800,e,8,2,P
Mode lpt1:=com1:
Echo ---------------------------------------------
Echo Eingabe des aktuellen Datums:
Date
Echo ---------------------------------------------
Echo Start des Sprachsystems Turbo-Pascal ...
Turbo
```

Zum Arbeiten im Sprachsystem sollten Sie sich Arbeitsdisketten mit dem *FORMAT*-Kommando (s. Abschnitt 1.5) herstellen. Diese brauchen nur die verborgenen Systemfiles und das Programmpaket *COMMAND.COM* zu enthalten. Darin ist auch das interne Kommando *COPY* enthalten, mit dem Sie dann Programme auf andere Disketten übertragen oder vom Drucker ausgeben lassen können. Das Sprachsystem *Turbo Pascal* selbst braucht nicht auf die Arbeitsdisketten kopiert zu werden, das erhöht ihre Aufnahmefähigkeit für *Pascal*-Programme.

Das Sprachsystem *Turbo Pascal* wird von der Ebene des Betriebssystems aus mit dem Aufruf des *COM*-Files *TURBO.COM* gestartet:

```
A>Turbo
```

Dieser Aufruf kann von der Tastatur aus erfolgen oder in den Batchfile *AUTOEXEC.BAT* hineingenommen werden (s. o.).

Das Sprachsystem *Turbo Pascal* meldet sich mit Hinweisen zur Version, zum Copyright und zur Anpassung des Monitors. Dann werden Sie gefragt, ob Sie Fehlermeldungen wünschen:

```
----------------------------------------------------
TURBO Pascal system          Version 3.01A
                             PC-DOS

Copyright (C) 1983,84,85   BORLAND Inc.
----------------------------------------------------

Default display mode



Include error messages (Y/N)?
```

In der Zeit des Einarbeitens sollten Sie die Frage mit Y beantworten, damit Ihnen Hinweise gegeben werden, wenn Sie beim Schreiben eines Programms Fehler gemacht haben. Später können Sie auf genauere Erläuterungen zu den Fehlern verzichten. Wenn Sie mit Y antworten, dann wird der File *TURBO.MSG* mit den Fehlermeldungen hinzugeladen.

Wenn Sie die Anfrage mit Y oder mit N (eine andere Antwort wird nicht angenommen) beantwortet haben, erscheint auf dem Bildschirm das Hauptmenü von *Turbo Pascal:*

```
Logged drive: A
Active directory: \

Work file:
Main file:

Edit      Compile  Run   Save

Dir       Quit  compiler Options

Text:      0 bytes
Free: 62024 bytes

> _
```

Der blinkende Cursor steht hinter dem Bereitschaftszeichen > von *Turbo
Pascal.*

Das Menü zeigt Ihnen, welche Kommandos bei der Arbeit im Sprachsystem
Turbo Pascal zur Verfügung stehen. In jedem Kommando des Menüs ist ein
Buchstabe hell hervorgehoben, im allgemeinen der erste. Man wählt das
gewünschte Kommando aus, indem man den zugehörigen Buchstaben (klein
oder groß) über die Tastatur eingibt. Diese Eingabe wird nicht mit <ENTER>
abgeschlossen.

Die Kommandobuchstaben brauchen Sie sich nicht zu merken. Man kann das
Menü jederzeit wieder auf den Bildschirm holen, indem man nach dem Bereitschaftszeichen irgendeine andere Taste (z. B. die Leertaste) betätigt. Das wird
Ihnen in der ersten Zeit vermutlich oft passieren, ohne daß Sie es beabsichtigt haben.

2.2 Kommandostruktur von *Turbo Pascal*

Die folgende Tabelle zeigt die im Hauptmenü verfügbaren Kommandos in
einer ersten Übersicht:

Kommando	Wirkung
L	bereitet die Anmeldung eines Laufwerks vor.
A	wählt ein Verzeichnis.
W	bereitet die Vereinbarung eines Workfiles vor.
M	bereitet die Vereinbarung eines Mainfiles vor.
E	startet den Editor.
C	startet den Compiler.
R	startet den Ablauf des Programms im Workfile.
S	speichert den Workfile auf der Diskette.
D	gibt das Inhaltsverzeichnis der Diskette aus.
Q	veranlaßt die Rückkehr von Turbo Pascal zu CP/M.
O	ermöglicht die Vorgabe von Compiler-Optionen.

Was die einzelnen Kommandos bewirken und wie sie beim Arbeiten in *Turbo Pascal* einzusetzen sind, soll nun genauer beschrieben werden.

2.2.1 Anmeldung des Laufwerks (*L*) und des Verzeichnisses (*A*)

Mit dem Kommando *L* wird eine Diskette im Laufwerk angemeldet. Das ist erforderlich, wenn Sie das Laufwerk wechseln oder eine neue Diskette ins angemeldete Laufwerk legen wollen. Nach Eingabe von *L* erscheint auf dem Bildschirm die Aufforderung, die Bezeichnung des neuen Laufwerks einzugeben:

```
New drive:_
```

Das von Ihnen genannte Laufwerk (*A* oder *B*) ist dann angemeldet, und auf der darin enthaltenen Diskette wird ein Disk-Reset ausgeführt. Wenn Sie das Sprachsystem von der Diskette im Laufwerk A gestartet haben und nun auf der Diskette in *B* arbeiten wollen, müssen Sie das Laufwerk *B* anmelden:

```
New drive:B

>
```

Hier braucht kein Doppelpunkt hinter der Bezeichnung zu stehen. Das Bereitschaftszeichen zeigt, daß nun das Laufwerk *B* angemeldet ist; leider enthält es keinen Hinweis darauf.

Das Kommando *L* bewirkt ein Disk-Reset im angemeldeten Laufwerk, wenn Sie die Aufforderung zur Angabe des neuen Laufwerks nur mit <ENTER> beantworten. Das muß jedesmal geschehen, wenn Sie ins angemeldete Laufwerk eine neue Diskette eingelegt haben. Ohne diese Anmeldung gibt es Probleme beim Zugriff auf die neue Diskette.

Mit dem Kommando *A* läßt sich ein Verzeichnis angeben, das auf der Diskette im angemeldeten Laufwerk angelegt ist (s. Abschnitt 1.13). Nach Eingabe von *A* werden Sie aufgefordert, den Namen des neuen Verzeichnisses anzugeben:

```
>
New directory: _
```

Wenn Sie daraufhin das Unterverzeichnis *Turbo* benennen, dann bezieht sich die weitere Arbeit auf dieses Verzeichnis. Insbesondere werden alle Programme, die auf der Diskette abgespeichert werden (s. Abschnitt 2.2.7) diesem Unterverzeichnis zugeordnet.

Das von Ihnen angemeldete Laufwerk und das aktuelle Verzeichnis werden im Hauptmenü angezeigt:

```
Logged drive: B
Active directory: \TURBO

Work file:
Main file:
```

Man kann auch von einem Pascal-Programm her das Verzeichnis wählen oder wechseln. Dafür stehen die folgenden Prozeduren zur Verfügung:

ChDir (Name)	wechselt zum Verzeichnis, dessen Name übergeben wird.
MkDir (Name)	legt ein neues Verzeichnis unter diesem Namen an.
RmDir (Name)	löscht das angegebene Unterverzeichnis.
GetDir (Nr, Name)	gibt in der Variablen *Name* das aktuelle Verzeichnis im Laufwerk mit der Nummer *Nr* aus (*Nr* = 0 für LW *A*, *Nr* = 1 für LW *B*, usw.).

Auf die Vorzüge von Unterverzeichnissen wurde schon in Abschnitt 1.13 hingewiesen.

2.2.2 Wahl eines neuen Workfiles (*W*)

Bevor man in *Turbo Pascal* ein Programm schreiben kann, muß man einen Workfile dafür benennen (s. Abschnitt 2.2.4). Unter dem Namen des Work-files wird dann auch das geschriebene Programm auf der Diskette abge-speichert.

Will man vom bisherigen Workfile zu einem neuen übergehen, dann gibt man das Kommando *W* ein. Auf dem Bildschirm erscheint die Aufforderung, einen Namen für den Workfile einzugeben:

```
Work file name:_
```

Der von Ihnen eingegebene Name braucht keine Ergänzung (für den Filetyp) zu enthalten. Das Sprachsystem ergänzt automatisch mit *PAS* (für *Pascal*-Programm), wenn man nichts hinzufügt. Schließt man jedoch den Filenamen mit einem Punkt (.) ab, dann wird keine Ergänzung hinzugefügt.

Der eingegebene Filename wird vom System im Inhaltsverzeichnis der angemeldeten Diskette gesucht. Ist er nicht vorhanden, dann wird mit dem Hinweis

```
new file
```

ein neuer Workfile eingerichtet. Ist ein File mit dem eingegebenen Namen auf der Diskette vorhanden, dann wird er geladen und kann als Workfile bearbeitet werden.

Haben Sie den bisherigen Workfile vor dem Kommando *W* nicht abgespeichert, dann erscheint der vorsorgliche Hinweis:

```
Work file B:TEST.PAS not saved. Save (Y/N)?_
```

Beantworten Sie die Frage mit Y, dann wird der bisherige Workfile auf der Diskette abgespeichert, bei N geht sein Inhalt verloren.

2.2.3 Wahl eines Mainfiles (*M*)

Bei längeren Programmen ist es zweckmäßig, einzelne Programmteile für sich im Workfile zu schreiben und zu korrigieren. Sie werden dann beim Compilieren in ein Hauptprogramm eingebunden.

Mit dem Kommando *M* erscheint die Aufforderung:

```
Main file name:_
```

Nun können Sie den Namen des Hauptprogramms (als Mainfile) vorgeben, in das die Teilprogramme eingebunden werden sollen. Wenn Sie dann ein Teilprogramm fertiggestellt haben und compilieren lassen (s. Abschnitt 2.2.6), wird das Hauptprogramm von der Diskette in den Arbeitsspeicher geladen und in das Compilieren einbezogen. Das Teilprogramm wird vorher abgespeichert und jeweils vom Compiler zugeladen.

Für die Ergänzung des Namens für den Mainfile gilt, was in Abschnitt 2.2.2 für den Workfile gesagt wurde.

2.2.4 Aufruf des Editors (*E*)

Der Editor ist ein Programm, mit dem man Texte schreiben und korrigieren kann. Die Vorgänge beim Bearbeiten eines Textes werden zusammenfassend als Edieren bezeichnet. Im Sprachsystem *Turbo Pascal* werden alle Programme mit dem Bildschirm-Editor erstellt. Wenn beim Aufruf des Editors mit *E* kein Workfile vorhanden ist, dann werden Sie (wie bei *W*) aufgefordert, einen anzugeben:

```
Work file name:_
```

Sobald Sie einen Workfile benannt haben, wird er auf der Diskette gesucht und -- falls vorhanden -- in den Arbeitsspeicher geladen. Sonst wird ein neuer Workfile eingerichtet.

Wie Sie beim Schreiben und Korrigieren von Programmen vorzugehen haben und wie der Editor Sie dabei unterstützt, wird in Abschnitt 2.3 ausführlich beschrieben.

2.2.5 Aufruf des Compilers (*C*)

Bevor ein *Pascal*-Programm ablaufen kann, muß es compiliert werden. Der Compiler überprüft das Programm auf syntaktische Fehler und übersetzt es in einen Maschinencode. Mit dem Kommando *C* rufen Sie den Compiler auf; er beginnt, das Programm im Workfile zu compilieren. Wurde ein Mainfile genannt, dann wird dieser unter Einbeziehung des Teilprogramms compiliert (s. Abschnitt 2.2.3).

Wird beim Compilieren ein Fehler gefunden, erscheint auf dem Bildschirm eine Fehlermeldung. Mit der *ESC*-Taste können Sie dann unmittelbar in den Editor übergehen und den Fehler beheben. Das Korrigieren wird vom System dadurch erleichtert, daß es den Cursor an die Stelle des Programms setzt, wo der Fehler gefunden wurde.

Wenn man den gemeldeten Fehler beseitigt hat, verläßt man mit der Tastenkombination <Ctrl> <K> <D> den Editor und kann erneut den Compiler mit *C* aufrufen.

Für das Compilieren können Sie Optionen vorgeben, indem Sie vor dem Aufruf des Compilers das Kommando *O* geben.

Welche Vorgaben Sie machen können und was diese bewirken, wird in Abschnitt 2.2.10 beschrieben.

Der erfolgreiche Abschluß des Compilierens wird vom System auf dem Bildschirm gemeldet. Dabei wird auch angegeben, welchen Speicherplatz das Programm mit seinen Daten benötigt und wie groß der noch verfügbare Platz ist.

2.2.6 Starten des Programmablaufs (*R*)

Mit *R* läßt sich der Ablauf des compilierten Programms starten. Ist das Programm im Workfile noch nicht compiliert worden, so erfolgt dies vor dem Starten des Ablaufs wie in Abschnitt 2.2.5 beschrieben.

Wenn bei der Eingabe von *R* noch kein Workfile angelegt ist, dann werden Sie mit

```
Work file name:
```

dazu aufgefordert, einen zu benennen (s. Abschnitt 2.2.2). Dieser wird dann auf der Diskette gesucht und — falls vorhanden — geladen und — falls erforderlich — compiliert, bevor der Ablauf beginnt.

2.2.7 Speichern auf Diskette (*S*)

Mit dem Kommando *S* wird der aktuelle Workfile unter seinem Namen auf der angemeldeten Diskette abgespeichert. Wenn Sie keine Ergänzung vorgeben haben, dann wird *PAS* (für Pascal-Programm) hinzugefügt. Ist schon ein File dieses Namens auf der Diskette vorhanden, dann wird dieser umbenannt: An den Namen wird die Ergänzung *BAK* (von Backup) angefügt. Damit bleibt für jedes bearbeitete Programm immer die vorangehende Version erhalten.

Davon sollte man Gebrauch machen und beim Schreiben längerer Programme von Zeit zu Zeit mit *S* auf der Diskette abspeichern. Man erhält damit eine Sicherheitskopie des Programms, in der die vorangehende Entwicklungsstufe abgespeichert ist. Auf sie kann man zurückgreifen, wenn aus irgendwelchen Gründen (z. B. Stromausfall oder eigene Unachtsamkeit) der Inhalt des Workfile verloren geht oder wenn vorgenommene Veränderungen keine Verbesserung darstellen.

Es gibt kein Kommando im Sprachsystem *Turbo Pascal*, mit dem sich ein File von der Diskette löschen läßt. Nicht mehr benötigte Files können von der Ebene des Betriebssystems *MS-DOS* aus mit dem Kommando *DEL* (oder *ERASE*) gelöscht werden (s. Abschntt 1.11). Mit dem Kommando

```
A>Del B:*.BAK
```

wird man gelegentlich die Zwischenkopien von der Arbeitsdiskette löschen.

2.2.8 Ausgabe des Inhaltsverzeichnisses der Diskette (*D*)

Vom Betriebssystem *MS-DOS* aus kann man mit *DIR* das Inhaltsverzeichnis der Diskette auflisten lassen (s. Abschnitt 1.2). Das gleiche ist von Turbo Pascal her mit dem Kommando *D* möglich. Nach Eingabe von *D* erscheint auf dem Bildschirm die Aufforderung, eine „Maske" vorzugeben:

```
Dir mask:_
```

Will der Benutzer alle Files aufgelistet haben, gibt er nur <ENTER> ein.

Er kann aber auch einen Filenamen oder mit Stern (*) für Teile der Bezeichnung eine Gruppe von Filenamen eingeben. Mit der Eingabe eines einzelnen Namens kann er überprüfen, ob dieser File auf der Diskette vorhanden ist. Durch die Vorgabe eines Gruppennamens läßt sich ein Teil des Verzeichnisses ausgeben. So kann man mit der Maske *T*.** alle Files auflisten lassen, deren Name mit *T* anfängt. Die Maske **.COM* liefert eine Liste aller *COM*-Files. Gibt man den Namen eines Unterverzeichnisses an, dann werden die darin enthaltenen Files aufgelistet.

2.2.9 Rückkehr zum Betriebssystem (*Q*)

Wollen Sie das Sprachsystem *Turbo Pascal* verlassen und zum Betriebssystem *MS-DOS* zurückkehren, dann geben Sie das Kommando *Q* ein. Vor dem Verlassen des Sprachsystems werden Sie — falls seit dem letzten Abspeichern am Workfile gearbeitet wurde — vom System gefragt, ob der Workfile vorher auf Diskette gespeichert werden soll:

```
Workfile B:`TEST.PAS not saved. Save (Y/N)?
```

Erst wenn Sie mit Y (dann wird gespeichert) oder N geantwortet haben, wird das Sprachsystem verlassen. Die Rückkehr zum Betriebssystem wird mit dem Bereitschaftszeichen *B* > von *MS-DOS* angezeigt.

2.2.10 Optionen zum Compilieren (*O*)

Vor dem Aufruf des Compilers mit *C* können Sie Optionen vorgeben. Mit dem Kommando *O* erhalten Sie in neues Menü:

```
compile -->            Memory
                       Com-file
                       cHn-file


command line Parameters:


Find run-time error  Quit


>_
```

Mit den Optionen *M, C* und *H* können Sie die Compilierung und mit *P* und *F* den Programmablauf beeinflussen. Die Wirkung wird in der folgenden Übersicht kurz beschrieben:

Option	Wirkung
M	Das compilierte Programm wird im Arbeitsspeicher (Memory) abgelegt. Es kann durch *R* gestartet werden.
C	Das compilierte Programm wird (zusammen mit der Runtime-library) als *COM*-File auf der Diskette abgespeichert. Es kann mit seinem Namen gestartet werden.
H	Das compilierte Programm wird (ohne library) als *CHN*-File auf der Diskette abgelegt. Es kann nur von einem anderen Programm aus mit der Prozedur *Chain* gestartet werden.
P	Man kann Parameter angeben, die an ein Programm übergeben werden, wenn es im Memory-Modus abläuft.
F	Beim Ablauf von *COM*-Files oder *CHN*-Files wird wie beim Ablauf eines anderen Programms eine Fehlermeldung ausgegeben, wenn ein Runtime-Fehler auftritt.
Q	Rückkehr zum *Turbo Pascal*-System.

Die Option *M* ist beim Compilieren voreingestellt. Nur wenn Sie eine andere Option einstellen wollen, geben Sie das Kommando *O* ein. Wenn Sie dann *C* oder *H* vorgegeben haben, wird das Menü erweitert und fragt Sie nach dem minimalen Speicherplatz für Programmcode (*O*) und Daten (*D*). Diese Werte sind dann wichtig, wenn Sie von diesem Programm aus mit *Chain* oder *Execute* ein anderes Programm starten wollen (s. Abschnitt 9.3.3). Sie müssen dann beim Compilieren des aufrufenden Programms soviel Speicherplatz anmelden, wie das zu startende Programm benötigt.

Hinweis: Bei längeren Programmen kann es vorkommen, daß beim Compilieren unter der voreingestellten Option *M* der Platz nicht reicht (Fehlermeldung: Compiler overflow). Dann können Sie trotzdem ein compiliertes Programm erhalten, indem Sie vor dem Compilieren das Kommando *O* eingeben und die Option *C* einstellen.

Wenn Sie mit den Optionen *C* oder *H* die Voreinstellung ändern, bleibt Ihre Option bestehen, bis Sie das *Turbo Pascal*-System verlassen oder die Option wieder mit *O* umstellen.

2.3 Bildschirm-Editor von *Turbo Pascal*

Mit dem Editor von *Turbo Pascal* lassen sich *Pascal*-Programme und andere Texte auf dem Bildschirm schreiben und korrigieren. Der Editor wird mit dem Kommando *E* aufgerufen (s. Abschnitt 2.2.4). Ist beim Aufruf kein Workfile vorhanden, werden Sie aufgefordert, einen zu benennen. Wenn Sie einen schon auf der Diskette vorhandenen File nennen, wird dieser in den Arbeitsspeicher geladen und kann als Workfile ediert werden. Sonst wird ein neuer Workfile eingerichtet.

Der Editor meldet seine Bereitschaft mit der Statuszeile am oberen Rand des Bildschirms:

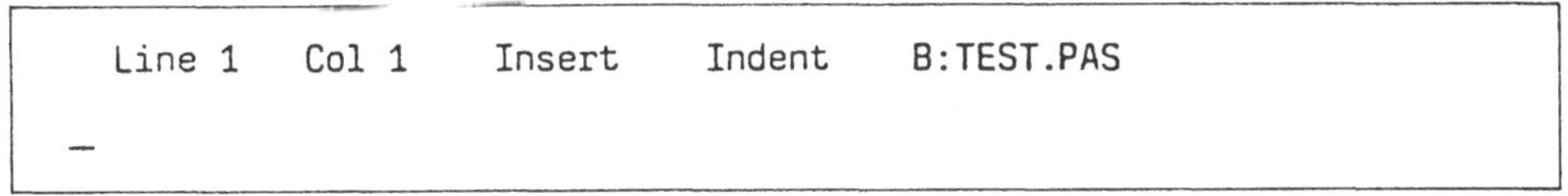

Die ersten beiden Angaben beziehen sich auf die Position des Cursors auf dem Schirm. Zu Beginn befindet er sich in Zeile 1 und Spalte 1 (*Col* kürzt Column ab). Mit *Insert* wird angegeben, daß Sie an der Cursorposition Zeichen in den Text einfügen können. Dann verschieben sich die in der Zeile nachfolgenden Zeichen jeweils um einen Platz nach rechts.

Beim Edieren kann man jederzeit mit der Taste <Ins> oder mit der Tastenkombination <Ctrl> <V> (d.h. Taste V drücken, während die Control-Taste gedrückt ist) von Einfügen (*Insert*) auf Überschreiben (*Overwrite*) umschalten. Das wird in der Statuszeile angezeigt. Wenn man im Status *Overwrite* ein neues Zeichen eingibt, dann wird das Zeichen an der Cursorposition überschrieben. Mit <Ins> oder <Ctrl> <V> läßt sich wieder in den Status *Insert* zurückschalten.

Mit *Indent* wird angezeigt, daß automatisch eingerückt wird. Beim Übergang zu einer neuen Zeile (mit <ENTER>) steht der Cursor unter dem ersten Zeichen der vorangehenden Zeile. Sie können den automatischen Tabulator mit <Ctrl> <Q> <I> ausschalten und auch wieder einschalten (s. Abschnitt 2.3.4.3).

Schließlich wird in der Statuszeile auch der Workfile genannt, der gerade ediert wird. Hier ist es der File *B:TEST.PAS*. Ist der Workfile nicht leer, dann wird er auf dem Bildschirm ausgegeben, bei längeren Programmen die ersten 23 Zeilen.

Der *Turbo Pascal*-Editor stellt dem Benutzer 45 Kommandos zur Verfügung, mit denen er den Ediervorgang steuern kann. Sie lassen sich in vier Gruppen einteilen:

1. Steuerung des Cursors auf dem Bildschirm
2. Einfügen und löschen von Zeichen oder Textteilen
3. Handhabung von Textblöcken
4. Sonstige Ediervorgänge

Die einzelnen Kommandos und ihre Wirkung sollen nun beschrieben werden. Bevor Sie den Editor aufrufen, sollten Sie aber wissen, wie Sie ihn wieder verlassen können: Mit <Ctrl> <K> <D> kehren Sie aus dem Editor zu *Turbo Pascal* zurück. (Zur Erinnerung: Sie halten die Ctrl-Taste gedrückt und drücken dann K und D.)

2.3.1 Steuerung des Cursors

Der Cursor kann durch Edierkommandos in alle vier Richtungen und mit unterschiedlicher Schrittweite über den Bildschirm bewegt werden. Wenn ein Kommando mit <Ctrl> anfängt, dann ist die Ctrl-Taste gedrückt zu halten, während die zweite Taste betätigt wird. In der folgenden Tabelle werden die Steuerkommandos beschrieben. Rechts in der Übersichtstabelle ist eine Spalte freigehalten; dort können Sie die Tasten eintragen, mit denen Sie von Ihrer Tastatur aus die Cursorbewegung steuern.

Standardtasten:			Wirkung: Der Cursor bewegt sich ...	Ihre Tasten:
<←>	oder	<Ctrl><S>	ein Zeichen nach links.	
<→>	oder	<Ctrl><D>	ein Zeichen nach rechts.	
<Ctrl><←>	oder	<Ctrl><A>	ein Wort nach links.	
<Ctrl><→>	oder	<Ctrl><F>	ein Wort nach rechts.	
<↑>	oder	<Ctrl><E>	eine Zeile nach oben.	
<↓>	oder	<Ctrl><X>	eine Zeile nach unten.	
<Home>	oder	<Ctrl><Q><S>	an den Anfang der Zeile.	
<End>	oder	<Ctrl><Q><F>	zum Ende der Zeile.	
<Ctrl><Home>	oder	<Ctrl><Q><E>	zum oberen Rand der Seite.	
<Ctrl><End>	oder	<Ctrl><Q><X>	zum unteren Rand der Seite.	
<Pg Up>	oder	<Ctrl><R>	eine Seite nach oben.	
<Pg Dn>	oder	<Ctrl><C>	eine Seite nach unten.	
<Ctrl><Pg Up>	oder	<Ctrl><Q><R>	an den Anfang des Textes.	
<Ctrl><Pg Dn>	oder	<Ctrl><Q><C>	zum Ende des Textes.	
		<Ctrl><Q><B>	an den Anfang des Blocks.	
		<Ctrl><Q><K>	zum Ende des Blocks.	
		<Ctrl><Q><P>	zurück zur vorangehenden Position.	

Warum gerade die angegebenen Buchstaben für die Cursorsteuerung gewählt wurden, wird verständlich, wenn man ihre Anordnung auf der Tastatur betrachtet[1]:

```
        E    R
   A    S    D    F
        X    C
```

Wenn Sie die Steuerkommandos praktisch erproben, indem Sie den Editor aufrufen und einen Text schreiben, dann werden Sie bemerken, daß man sehr schnell mit ihnen vertraut wird.

2.3.2 Einfügen und löschen

Mit den folgenden Kommandos können Sie das Einfügen oder Löschen von Einzelzeichen, Wörtern oder Zeilen steuern:

Standardtasten:	Wirkung: Das Kommando ...	Ihre Tasten:
<Ins> oder <Ctrl> <V>	schaltet um zwischen Insert/Overwrite.	
<Del> oder <Ctrl> <G>	löscht das Zeichen an der Cursorposition.	
<←>	löscht das Zeichen links vom Cursor.	
<Ctrl> (T)	löscht Wort ab der Cursorposition.	
<Ctrl> <Y>	löscht die Zeile, in der der Cursor steht, die folgenden Zeilen werden hochgezogen.	
<Ctrl> <Q> <Y>	löscht ab Cursorposition den Rest der Zeile.	
<Ctrl> <N>	macht Platz zum Einfügen einer Zeile, die folgenden werden nach unten geschoben.	

Wie man einen ganzen Block einfügen oder löschen kann, ist unter den folgenden Blockkommandos angeführt.

2.3.3 Blockkommandos

Will man einen ganzen Textteil löschen oder ihn an eine andere Stelle setzen, dann muß man ihn zunächst als Block markieren. Dann kann man auf den Block mit den folgenden Kommandos zugreifen. Die Blockkommandos beginnen mit <Ctrl> <K>.

Sobald ein neuer Block markiert wird, beziehen sich die Blockkommandos darauf und nicht mehr auf frühere Blöcke. Den aktuellen Block hebt der Editor durch dunklere Schrift hervor. Diese Hervorhebung läßt sich durch <Ctrl> <K> <H> abschalten und auch wieder einschalten.

---

1) Wenn Sie schon mit dem Textverarbeitssystem *WordStar* gearbeitet haben, erkennen Sie die Übereinstimmung der verwendeten Steuertasten.

Standardtasten:	Wirkung: Das Kommando ...	Ihre Tasten:
<F7> oder <Ctrl> <K> <B>	markiert den Blockanfang an der Cursorposition.	
<F8> oder <Ctrl> <K> <K>	markiert das Blockende an der Cursorposition.	
<Ctrl> <K> <T>	markiert das Wort an Cursorposition als Block.	
<Ctrl> <K> <H>	schaltet die Hervorhebung ein und aus.	
<Ctrl> <K> <V>	versetzt den Block an die Cursorposition.	
<Ctrl> <K> <C>	kopiert den Block an die Cursorposition.	
<Ctrl> <K> <Y>	löscht den Block.	
<Ctrl> <K> <W>	kopiert den Block auf die Diskette.	
<Ctrl> <K> <R>	liest einen File von der Diskette und fügt ihn als Block an der Cursorposition ein.	

Bei den beiden letzten Kommandos wird der Benutzer vorher in der Statuszeile nach dem Filenamen gefragt.

In der ersten Zeit werden Sie vermutlich kaum Blockkommandos verwenden.
Wenn Sie dann aber zunehmend sicherer im Umgang mit dem Editor geworden sind, werden Sie den Nutzen der Blockkommandos schätzen lernen. Insbesondere wird man die beiden letzten Blockkommandos einsetzen, um sich
einen Vorrat an Bausteinen anzulegen und diese dann in neue Programme
einzubauen.

2.3.4 Sonstige Edierkommandos

In der letzten Gruppe sind einige Kommandos zusammengefaßt, mit denen
sich weitere Vorgänge steuern lassen. Da sie einer ausführlicheren Beschreibung bedürfen, sind sie nicht in Tabellenform angeordnet. Sie können Ihre
Taste rechts neben die Kopfzeile schreiben.

2.3.4.1 <Ctrl> <K> <D> *Edieren beenden*

Mit diesem Kommando verlassen Sie den Editor und kehren zu *Turbo Pascal*
zurück. Beachten Sie: Der edierte Text befindet sich im Workfile, er ist aber
noch nicht auf Diskette abgespeichert. Erst wenn Sie das Kommando *S* eingeben, wird er abgespeichert.

2.3.4.2 <Ctrl> <I> *Tabulierung*

Turbo Pascal hat keine festen Tabulatorspalten, als Tabulatormarken dienen
die Anfänge der Wörter in der vorangehenden Zeile. Wenn Sie <Ctrl> <I>
eingeben, verschiebt sich der Zeilenrest ab der Cursorposition an den Beginn
des nächsten Wortes in der Vorzeile. Mit dieser Tabulierung lassen sich Tabellen einfach herstellen und Programme übersichtlich schreiben.

2.3.4.3 <Ctrl> <Q> <I> *Automatische Tabulierung ein/aus*

Die automatische Tabulierung bewirkt, daß Sie beim Übergang von einer Zeile zur nächsten nicht immer in der Spalte 1 beginnen, sondern unter dem Anfang des ersten Wortes in der Vorzeile. Diese automatische Tabulierung der Zeilen schaltet das Kommando ein und aus. In der Statuszeile des Editors erscheint *Indent,* wenn die automatische Tabulierung eingeschaltet ist.

2.3.4.4 <Ctrl> <Q> <L> *Zeile wiederherstellen*

Wenn Sie eine Zeile verändert haben, d.h. Teile oder einzelne Zeichen eingefügt oder gelöscht haben, dann können Sie den vorherigen Zustand durch dieses Kommando wieder herstellen. Die Wiederherstellung der Zeile gelingt jedoch nur, so lange der Cursor die Zeile noch nicht verlassen hat. Eine mit <Ctrl> <Y> gelöschte Zeile läßt sich nicht wiedergewinnen.

2.3.4.5 <Ctrl> <F> *Zeichenkette finden*

Mit diesem Kommando läßt sich eine Zeichenkette (mit max. 30 Zeichen) im Text auffinden. Nach Eingabe des Kommandos wird die Statuszeile gelöscht. Sie werden aufgefordert, die zu suchende Zeichenkette einzugeben. Diese kann auch Steuerzeichen wie <Ctrl> <A> enthalten. Das Steuerzeichen <Ctrl> <A> kann wie ein Joker für jedes andere Zeichen stehen. Die Eingabe von Steuerzeichen muß aber mit <Ctrl> <P> vorbereitet werden (s. Abschnitt 2.3.4.8).

Nach Eingabe der Suchkette werden Sie gefragt, ob Sie für das Durchsuchen Optionen vorgeben wollen. Die folgende Übersicht zeigt das Angebot:

Option	Wirkung
B	Suche von der Cursorposition an rückwärts bis zum Beginn des Textes.
G	Durchsuche den gesamten Text.
n	(*n* ist eine Anzahl) Suche nach dem *n*-ten Vorkommen der Suchkette, beginnend bei der Cursorposition.
U	Suche unabhängig von Groß- und Kleinschreibung, große und kleine Buchstaben werden nicht unterschieden.
W	Suche nach dem Vorkommen in ganzen Wörtern. Ist die Suchkette in Wörtern eingeschlossen, dann soll sie übergangen werden.

Sie können mehrere Optionen vorgeben, indem Sie die Kennzeichen unmittelbar aufeinanderfolgend schreiben.

Die Wirkung der Optionen soll am Beispiel des folgenden Textes veranschaulicht werden:

```
   Find: an

   Hier fängt der Text an, der das Finden veranschaulichen soll.

   Der Cursor steht am Anfang des Textes in der 1. Zeile.

   Die Suchkette heißt ´an´.
```

Mit der Option *U3* wird das *An* vom Anfang gefunden, der Cursor steht
unter dem *n* (allgemein unter dem letzten Zeichen der Suchkette). Mit
der Option *GW* wird die Suchkette zweimal gefunden, mit *GU* aber viermal
und mit *B* keinmal.

2.3.4.6 <Ctrl> <Q> <A> *Finden und Ersetzen*

Mit diesem Kommando können Sie eine Zeichenkette von max. 30 Zeichen
im Text auffinden und durch eine andere Zeichenkette (max. 30 Zeichen)
ersetzen lassen. Zunächst werden Sie aufgefordert, die Suchkette und dann
die Ersatzkette einzugeben. Für diese Eingabe gilt das gleiche, was in 2.3.4.5
gesagt wurde.

Danach können Sie Optionen für das Finden und Ersetzen vorgeben. Zu
den in 2.3.4.5 für das Finden beschriebenen Optionen kommt die Option *N*
für das Ersetzen hinzu. Wenn Sie *N* vorgeben, dann wird die Suchkette an
jeder Stelle, an der sie gefunden wird, automatisch durch die Ersatzkette
ersetzt. Sie werden also nicht vorher gefragt, ob ersetzt werden soll. Geben
Sie die Option *N* nicht vor, dann entscheiden Sie jedesmal mit Y oder N, ob
an dieser Stelle ersetzt wird.

Die Anzahl *n* hat eine andere Bedeutung als beim Finden: Sie gibt an, wie
oft ersetzt werden soll.

2.3.4.7 <Ctrl> <L> *Letztes Durchsuchen wiederholen*

Mit diesem Kommando können Sie das letzte Finden bzw. das letzte Finden
und Ersetzen wiederholen lassen.

2.3.4.8 <Ctrl> <P> *Steuerzeichen einleiten*

Wenn Sie in einen Text ein Steuerzeichen einfügen wollen, müssen Sie dies
mit <Ctrl> <P> einleiten.

Beispiele:

> Soll in die Suchkette das Steuerzeichen <Ctrl> <A> als Joker einge-
> setzt werden, muß man <Ctrl> <P> <A> eingeben.

> Soll in ein Programm das Steuerzeichen <Ctrl> <G> eingefügt werden,
> damit beim Ablauf die Glocke läutet, muß man <Ctrl> <P> <G>
> eingeben.

2.3.4.9 <Ctrl> <U> *Vorgang abbrechen*

Mit diesem Kommando können Sie immer dann, wenn eine Eingabe von
Ihnen gefordert wird, die jeweilige Operation abbrechen.

Damit sind die Kommandos zusammengestellt, mit denen Sie das Edieren
von Programmen und anderen Texten steuern können. Sie werden beim
Schreiben der Programme erkennen, welche Vorzüge der Editor von *Turbo
Pascal* bietet. Der *Turbo Pascal*-Editor nimmt es in der Textbearbeitung mit
professionellen Textprogrammen auf. (Auch das Manuskript dieses Buches
wurde mit ihm geschrieben.)

3 Elemente der Sprache Pascal

Die elementaren Bausteine einer Programmiersprache sind die Zeichen, die man beim Schreiben von Programmen verwenden darf. Der folgende Abschnitt 3.1 gibt eine Übersicht über die in *Turbo Pascal* verfügbaren Zeichen und erste Hinweise zu ihrer Verwendung.

Wer *Pascal*-Programme schreiben will, muß die Wörter kennen, die für bestimmte Anwendungen reserviert sind. Im Abschnitt 3.2 sind die reservierten Wörter von *Turbo Pascal* aufgelistet, für einige wird schon die Bedeutung genannt.

Die folgenden Abschnitte gehen darauf ein, wie Zahlen dargestellt werden und wie der Benutzer mit den verfügbaren Zeichen die Namen (Bezeichner) für Variablen und andere Objekte schreiben kann. Insbesondere wird festgelegt, was bei der Wahl eines Filenamens zu beachten ist.

3.1 Verfügbare Zeichen

Um Programme syntaktisch richtig schreiben zu können, ist die Kenntnis der zugelassenen Zeichen eine Grundvoraussetzung. Die in *Turbo Pascal* verfügbaren Zeichen lassen sich in drei Gruppen einteilen: Buchstaben, Ziffern und Sonderzeichen. Ziffern und Buchstaben faßt man als alphanumerische Zeichen zusammen.

3.1.1 Alphanumerische Zeichen

Verfügbar sind alle Buchstaben des Alphabets in Groß- und in Kleinschreibung:

    A B C ... X Y Z   und   a b c ... x y z

Bei Bezeichnern z. B. für Variablen oder für Prozeduren unterscheidet das Sprachsystem nicht zwischen Groß- und Kleinschreibung. Das zeigt Ihnen schon der Aufruf des Sprachsystems: Es läßt sich mit *TURBO*, *Turbo* oder *turbo* laden.

Anmerkung: Bei einer deutschen Tastatur zählen auch die Umlaute Ä ä Ö ö Ü ü sowie das Zeichen ß zu den Buchstaben. Diese gehören aber nicht zum

Zeichenvorrat von *Turbo Pascal.* In Bezeichnern z.B. für Variablen dürfen keine Umlaute oder ß vorkommen, man schreibt dort *Zaehler* statt *Zähler* und *Strasse* statt *Straße.* In Textkonstanten (die man in Pascal in Hochkommata einschließt) sind Umlaute und ß wie auch alle anderen Zeichen des im PC verfügbaren Zeichenvorrats (s. Anhang C, Codierung im *ASCII*) zulässig.

Zur Gruppe der Buchstaben zählt in *Turbo Pascal* auch der Unterstrich _, man darf ihn — als einziges weiteres Zeichen außer Buchstaben und Ziffern — in Bezeichnern verwenden. Zusätzlich zu Groß- und Kleinschreibung läßt er sich einsetzen, um die Bezeichner besser lesbar zu schreiben. Der Unterstrich kann anstelle eines Leerzeichens, das in Namen nicht vorkommen darf (s. Abschnitt 3.4), unterteilen und gliedern. So läßt sich *Turbo_Pascal* oder *Kapitel_1* besser lesen als *TurboPascal* bzw. *Kapitel1.*

Um Zahlen darzustellen, sind die 10 Ziffern des Dezimalsystems verfügbar:

    0 1 2 3 4 5 6 7 8 9

Sie dürfen auch in Bezeichnern verwendet werden, allerdings nicht an der ersten Stelle; dort muß ein Buchstabe stehen.

3.1.2 Sonderzeichen

Zum Trennen von Bezeichnern oder Anweisungen, zum Schreiben von arithmetischen Operationen, zur Einklammerung und als Vergleichsoperatoren verwendet man Sonderzeichen. Verfügbar sind die Zeichen

    + − * / ^ = < > ( ) [ ] { } ' $ # . , : ;

und das Leerzeichen , das man mit ␣ kennzeichnet, wo man es hervorheben will.

Für einige Sonderzeichen soll schon — im Vorgriff auf Kapitel 4 — eine Verwendung genannt werden:

Das Semikolon ; trennt zwei Anweisungen voneinander, es schließt insbesondere eine Deklaration oder eine Definition ab,

der Doppelpunkt : ordnet einem Variablennamen den Typ zu,

ein Komma , trennt die Bezeichner, wenn mehrere Variablen vom gleichen Typ gemeinsam deklariert werden, und

ein Punkt . schließt den Programmblock ab.

Mit dem Einschluß in Hochkammata ' werden Textkonstanten kenntlich gemacht und von Bezeichnern unterschieden.

Die Zeichen +, −, * und / dienen als arithmetische Operatoren.

Mit dem Dollarzeichen $ wird kenntlich gemacht, daß eine Zahl im Hexadezimalsystem dargestellt ist (s. Abschnitt 3.3).

Mit dem Doppelkreuz # erhält man zu einer Ordnungszahl das zugehörige Zeichen.

Vertraut ist die Verwendung der Vergleichsoperatoren: = für *gleich*, < für *kleiner als* und > für *größer als*. Auch Doppelzeichen sind zugelassen: <= für *kleiner als oder gleich*, >= für *größer als oder gleich* und <> für *ungleich*.

Von besonderer Bedeutung sind die drei verschiedenen Klammerformen: rund, eckig und geschweift. Die runden Klammern werden wie in der Mathematik verwendet, mit eckigen Klammern werden Indizes oder Bereiche eingeschlossen, geschweifte Klammern kennzeichnen Kommentare oder Compilerdirektiven. Man kann ohne eckige und geschweifte Klammern auskommen, indem man Doppelzeichen mit runden Klammern verwendet:

    (. entspricht [,
    .) entspricht] ,
    (* entspricht {   und
    *) entspricht } .

Die Verwendung der Doppelzeichen ist wichtig für einen deutschen Zeichensatz, der Ä statt [, Ü statt], ä statt { und ü statt } enthält. In diesem Buch sollen durchgängig die Doppelzeichen verwendet werden, um einem deutschen Zeichensatz auf der Tastatur und dem Typenraddrucker Rechnung zu tragen.

3.1.3 Codierung der Zeichen

Ein Hinweis zur Aufnahme und zur Speicherung der Zeichen erscheint angebracht. Bei der Eingabe in den Computer werden alle Zeichen binär (d. h. mit nur zwei Zeichen 0 und 1) codiert und in dieser Form abgespeichert. Für jedes Zeichen steht beim 8 Bit-Prozessor ein Platz von 8 Bit, d.h. von einem Byte, zur Verfügung. Da es von 00000000 bis 11111111 insgesamt 256 verschiedene Belegungen eines Byte gibt, kann der Zeichenvorrat nur 256 Zeichen enthalten.

Die Codierung der verfügbaren Zeichen erfolgt im allgemeinen nach dem *ASCII* (American Standard Code for Information Interchange), er ist im Anhang C wiedergegeben. Die letzte Spalte der *ASCII*-Tabelle enthält das „Bitmuster" des jeweiligen Zeichens. Diese Bitmuster lassen sich als 8stellige Dualzahlen deuten.

Man bezeichnet die dem Zeichen zugeordnete Zahl als seine Ordnungszahl, weil mit ihr die Anordnung des Zeichens innerhalb des Zeichenvorrats festgelegt ist. Die Ordnungszahlen sind in der zweiten Spalte der Tabelle in

dezimaler und in der dritten Spalte in hexadezimaler Schreibweise angegeben. Für die Großbuchstaben finden Sie in der Tabelle:

```
A     65     41     01000001
B     66     42     01000010
...
Z     90     5A     01011010
```

Die Ordnungszahlen bilden die Grundlage für einen Vergleich zwischen den
Zeichen. Es gilt z. B. $'A' < 'B'$, da die Ordnungszahl von A kleiner als die von
B ist. Die Überprüfung der alphabetischen Reihenfolge kann somit anhand
der Ordnungszahlen durchgeführt werden. Es gilt auch $'A' < 'a'$, denn die
kleinen Buchstaben haben höhere Ordnungszahlen als die großen.

In *Turbo Pascal* gibt es eine Funktion *Ord*, die bei Eingabe eines Zeichens die
zugehörige Ordnungszahl liefert:

$$Ord\,('A') = 65 \text{ (dezimal)} \quad \text{oder} \quad Ord\,('A') = \$41 \text{ (hexadezimal)}$$
$$Ord\,('Z') = 90 \text{ (dezimal)} \quad \text{oder} \quad Ord\,('Z') = \$5A \text{ (hexadezimal)}$$

Umgekehrt liefert die Funktion *Chr* zu einer vorgegebenen Ordnungszahl
das zugehörige Zeichen. Das gleiche leistet das Zeichen #, wenn man es der
Ordnungszahl voranstellt:

$$Chr\,(42) = '*' \quad \text{oder} \quad \#42 = '*'$$
$$Chr\,(\$61) = 'a' \quad \text{oder} \quad \#\$61 = 'a'$$

Das vorangesetzte Dollarzeichen kennzeichnet die hexadezimale Darstellung.

3.2 Reservierte Wörter

Für die Kennzeichnung von Datentypen von Programmteilen oder von
Steuerstrukturen sind in Turbo Pascal die folgenden Wörter reserviert
worden:

> *Absolute, and, Array, Begin, Case, Const, div, do, downto, else, End,*
> *external, File, for, forward, Function, goto, if, in, inline, Label, mod,*
> *Nil, not, of, or, packed, Procedure, Program, Record, repeat, Set, shl,*
> *shr, String, then, to, Type, until, Var, while, with, xor.*

Um eine erste Vorstellung von der Bedeutung der reservierten Wörter zu
vermitteln, soll für einige schon die Verwendung angegeben werden: Mit
dem Wort *Program* beginnt der Programmkopf, das Wort *Const* leitet eine
Konstantendefinition ein und das Wort *Var* eine Variablendeklaration. Die
Wörter *Begin* und *End* schließen eine Verbundanweisung und insbesondere
den gesamten Anweisungsteil eines Programms ein. Sie sind für diese Anwendung reserviert und dürfen sonst nicht verwendet werden.

Welche Bedeutung die anderen Wörter haben, wird in den folgenden Abschnitten entwickelt. Hier sei aber schon betont, daß der Benutzer keines der reservierten Wörter für andere Zwecke und insbesondere nicht zur Bezeichnung anderer Objekte verwenden darf.

Die reservierten Wörter bilden den Kern der Programmiersprache, sie strukturieren die *Pascal*-Programme. Daher werden sie in vielen Büchern durch Fettdruck hervorgehoben oder unterstrichen. Auch Sie können sie in Ihren Programmen kenntlich machen.

3.3 Zahlendarstellung

Zum Schreiben von Programmen darf man nur die in *Pascal* verfügbaren Zeichen (s. Abschnitt 3.1) verwenden. Für manche Sprachelemente ist der Zeichenvorrat noch weiter eingeschränkt, so enthalten die reservierten Wörter (s. Abschnitt 3.2) nur Buchstaben und keine Ziffern oder Sonderzeichen. Auch für die Darstellung von Zahlen gelten Einschränkungen im Zeichensatz.

Die Ziffern, mit denen Zahlen dargestellt werden, bilden eine Teilmenge des verfügbaren Zeichenvorrats. In *Turbo Pascal* stehen die 10 Ziffern des Dezimalsystems zur Verfügung, mit ihnen lassen sich alle Zahlen in der von der Mathematik her vertrauten Schreibweise darstellen. Zur Abgrenzung zwischen Ganzen und Dezimalbrüchen wird ein Punkt statt des in deutscher Schreibweise üblichen Dezimalkommas verwendet.

Um Zahlen hexadezimal schreiben zu können, braucht man weitere 6 Ziffern und nimmt dafür die ersten (großen) Buchstaben des Alphabets. Zur Darstellung von Zahlen stehen somit insgesamt 17 Zeichen zur Verfügung:

    0 1 2 3 4 5 6 7 8 9 A B C D E F .

Mit den Ziffern werden die Zahlen so geschrieben, wie es in Stellenwertsystemen üblich ist. Da für das Dezimalsystem und das Hexadezimalsystem gleiche Ziffern verwendet werden, muß man bei einer Zahlendarstellung kennzeichnen, für welches System sie gilt. In *Turbo Pascal* ist vereinbart, daß im Dezimalsystem keine Kennzeichnung erfolgt, während einer Darstellung im Hexadezimalsystem ein Dollarzeichen $ vorangestellt wird. Damit stehen die folgenden Darstellungen jeweils für die gleichen Zahlen:

      1 = $1
     10 = $A
     16 = $10
    100 = $64
    255 = $FF
    256 = $100

In der Länge der Bezeichner unterscheidet sich *Turbo Pascal* zum Vorteil des Benutzers von anderen *Pascal*-Versionen (meist 8 signifikante Zeichen) und anderen Programmiersprachen.

Beispiele für korrekt gebildete Bezeichner:

Text_Zeile
Agent007
Quadrat_Wurzel
Geburtsdatum_Monat

Beispiele für fehlerhafte Schreibweise:

Eintrag in Datei
  Fehler: Im Bezeichner darf kein Leerzeichen vorkommen.
  Korrekt: *EintraginDatei* oder *Eintrag_in_Datei*
10erSystem
  Fehler: Ein Bezeichner darf nicht mit einer Ziffer beginnen.
  Korrekt: *Zehnersystem* oder *Zehner_System*

Die Beispiele zeigen, wie man Bezeichner durch Groß- und Kleinschreibung und durch den Strich_ leichter lesbar machen kann. Beim Interpretieren eines Bezeichners unterscheidet das Sprachsystem nicht zwischen Groß- und Kleinschreibung, die Bezeichner *clrscr, ClrScr* und *CLRSCR* werden als gleich angesehen, ebenso die Bezeichner *TURBOPASCAL, TurboPascal* und *turbopascal*. Die in diesem Buch praktizierte Mischung aus Groß- und Kleinschreibung dient einer besseren Lesbarkeit.

3.4.3 Filenamen

Eine Besonderheit gilt für Bezeichner für Files auf der Diskette oder für Unterverzeichnisse (s. Abschnitt 1.13). Sie werden wie andere Bezeichner gebildet, doch ist ihre Länge auf 8 Zeichen begrenzt. An die 8 Zeichen des Filenamens kann — getrennt durch einen Punkt — eine Ergänzung für den Filetype mit maximal 3 Zeichen angefügt werden. Gibt man im Editor (s. Abschnitt 2.3) keinen Filetyp an, dann wird automatisch die Kennzeichnung *.PAS* für *Pascal*-Programme hinzugefügt. Weitere Standardtypen für Files sind *COM, CHN* und *BAK*. Schließt man den Filenamen mit einem Punkt ohne weiteren Zusatz ab, wird kein Filetype hinzugefügt.

Beispiele für korrekte Filenamen:

Turbo.COM
Programm.PAS
Kopie.BAK
Textdate.i18
KundenNr.

Bei der Bezeichnung von Unterverzeichnissen (s. Abschnitt 1.13) dient der Schrägstrich \ zum Trennen der Namen. Setzt man ihn an den Anfang, dann ordnet man das Unterverzeichnis unmittelbar dem Hauptverzeichnis unter. Beispiele:

> \ *Turbo*
>> bezeichnet das Unterverzeichnis *Turbo.*
>
> \ *Turbo* \ *Programm.PAS*
>> bezeichnet den darin enthaltenen File *Programm.PAS.*

Wie File- und Verzeichnisnamen zu handhaben sind, wurde schon in den ersten beiden Kapiteln bei der Beschreibung der Kommandos gezeigt.

3.4.4 Begrenzer

In einem Programm sind Bezeichner durch Begrenzer von vorangehenden und nachfolgenden Sprachelementen zu trennen. Als Begrenzer wird häufig das Leerzeichen verwendet, daher darf es auch nicht als Zeichen in einem Bezeichner vorkommen. Als Begrenzer kann aber auch eine Klammer dienen, z. B. bei einem eingefügten Kommentar (s. Abschnitt 4.5). Schließlich begrenzt auch das Zeilenende einen Bezeichner.

4 Aufbau eines Programms

Ein *Pascal*-Programm ist nach genau festgelegten syntaktischen Regeln zu schreiben, es ist z. B. in bestimmter Weise in einzelne Teile zu untergliedern. Was bei der Gliederung des Programms zu beachten ist und was die einzelnen Programmteile enthalten, wird in den Abschnitten 4.1 bis 4.3 beschrieben. Dann wird der Anweisungsteil des Programms genauer betrachtet: Im Abschnitt 4.4 geht es um einfache Anweisungen und ihre Wirkungen. Daraus läßt sich dann schon ein erstes Programm erstellen.

Am Ende dieses Kapitels sind alle Voraussetzungen bereitgestellt, mit denen Sie eigene Programme schreiben und ablaufen lassen können.

4.1 Programmkopf

Die erste Zeile eines *Pascal*-Programms, die Kopfzeile, enthält meist einen Namen für das Programm. Dem Programmkopf folgt der eigentliche Programmblock, der sich in einen Deklarationsteil und einen Anweisungsteil gliedert:

Programmkopf	
Programmblock	Deklarationsteil
	Anweisungsteil

Die Kopfzeile eines Programms beginnt mit dem reservierten Wort *Program*, dem ein Name für das Programm folgt. Diesen Programmnamen kann der Benutzer selbst festlegen, er muß wie andere Bezeichner (s. Abschnitt 3.4) mit einem Buchstaben beginnen und darf nur alphanumerische Zeichen enthalten. Ein reserviertes Wort (s. Abschnitt 3.3) ist als Name nicht zulässig.

Man wird den Programmnamen so wählen, daß er einen Hinweis darauf liefert, wie das Programm einzusetzen ist und was es bewirkt. Die folgenden Beispiele zeigen, wie der Programmkopf aussehen kann:

> *Program Anfang;*
> *Program Text_Verarbeitung;*
> *Program Datei_Verwaltung;*

Der Programmkopf wird mit einem Semikolon ; abgeschlossen.

Anmerkung: *Turbo Pascal* weicht von anderen *Pascal*-Versionen ab, indem es nicht zwingend einen Programmkopf fordert. Der Benutzer tut aber gut daran, eine Kopfzeile voranzusetzen, schon um ein Programm von Programmteilen wie Funktionen oder Prozeduren zu unterscheiden. Der im Kopf enthaltene Programmname kann ihm auch Hinweise auf die Verwendungsmöglichkeiten und auf den Namen des Files geben, in dem das Programm auf Diskette abgespeichert ist. Schließlich lassen sich dem Programmnamen in Klammern Parameter anfügen, die z. B. für den Datenaustausch mit Peripheriegeräten von Bedeutung sind. So wird im Beispiel

Program Druck (Input, Printer);

ein Ausgabefile *Printer* festgelegt.

4.2 Deklarationsteil

Die Anweisungen eines Programms sollen die Verarbeitung der eingegebenen Daten steuern, so daß man die geforderten Ausgabedaten erhält. Damit der Rechner die Anweisungen interpretieren kann, muß ihm der Programm-Ersteller sagen, welche Objekte er verarbeiten soll und von welchem Typ die Objekte sind. Das ist z. B. für die Bereitstellung von Speicherplatz und für eine richtige Interpretation der Operationszeichen von Bedeutung. Das letztere soll am Beispiel des Operators + verdeutlicht werden: Sind die Operanden Zahlen, dann müssen sie addiert werden. Handelt es sich bei den Operanden um Zeichenketten, dann sind sie miteinander zu verketten.

Bei Zeichenketten muß man außer der Angabe des Typs auch die maximale Anzahl der darin enthaltenen Zeichen angeben, um den Speicherplatz möglichst gut dem Bedarf anzupassen. Für jedes Zeichen ist genau 1 Byte = 8 Bit im Speicher erforderlich (s. Abschnitt 3.1.3), so daß die Länge der Zeichenkette den Speicherbedarf in Byte angibt.

Im Deklarationsteil sind alle Konstanten und Variablen, die im Programm vorkommen, mit Namen und Typ anzugeben, damit man im Anweisungsteil auf sie zugreifen kann. Will man für eine Variable einen anderen Typ verwenden, als standardmäßig verfügbar ist (s. Kapitel 5), dann kann man vorher eigene Typen einführen.

Werden in einem Programm Marken (Labels) gesetzt, mit denen man Sprünge bei der Bearbeitung steuern kann, dann sind diese ebenfalls zu deklarieren.

Schließlich werden im Deklarationsteil eines Programms die „Bausteine" eingeführt, die man als Teilprogramme im Anwendungsteil einsetzen will, das sind Funktionen und Prozeduren. Über ihren Einsatz und über ihre Deklaration wird in Abschnitt 4.4 kurz gesprochen, genauere Informationen folgen in den Abschnitten 6.4 und 6.5.

Damit ergibt sich die folgende Unterteilung für den Deklarationsteil eines
Programms:

1. Labeldeklaration
2. Konstantendefinition
3. Typendefinition
4. Variablendeklaration
5. Deklaration von Funktionen und Prozeduren

Die genannten Definitionen und Deklarationen können in *Turbo Pascal*
(abweichend von Standard-*Pascal*) in beliebiger Reihenfolge und auch mehrfach im Deklarationsteil vorkommen. Sie können auch fehlen, und im
Sonderfall kann der Deklarationsteil leer sein.

Welche Regeln beim Definieren und beim Deklarieren zu beachten sind, soll
zunächst am Beispiel der Konstanten, Variablen und Labels gezeigt werden.

4.2.1 Konstantendefinition

Die Definition von Konstanten wird mit dem dafür reservierten Wort *Const*
eingeleitet. Jede Konstante, die im Programm vorkommen soll, muß einen
Namen (s. Abschnitt 3.4) und (mit dem Gleichheitszeichen =) einen Wert
bekommen. Der Wert kann eine Zahl, eine Zeichenkette oder ein Wahrheitswert sein.

Die folgenden Beispiele zeigen, wie Konstanten definiert werden:

```
Const  MaxByte = 255;
       MWS = 0.14;
       Sprache = 'Turbo Pascal';
       Letzter_Buchstabe = 'Z';
       OK = True;
```

Anmerkungen zur Schreibweise der Werte:

1. Zahlenkonstanten werden wie in der Mathematik geschrieben, statt des
   Kommas steht der Dezimalpunkt.
2. Textkonstanten werden in Hochkommata ' eingeschlossen. So kann man
   die Zeichenkette '123' von der Zahl 123 oder die Textkonstante 'Wert'
   vom Bezeichner *Wert* unterscheiden.
3. Als Wahrheitswerte kann man die Konstanten *True* und *False* verwenden.
   Man braucht sie nicht in Hochkommata zu setzen, da sie als Standardkonstanten verfügbar sind.
4. Die Zuweisung des Wertes zum Bezeichner erfolgt mit dem Gleichheitszeichen =, die einzelnen Definitionen werden mit einem Semikolon ; abgeschlossen.

In *Turbo Pascal* sind die folgenden Standardkonstanten verfügbar, auf sie kann man ohne vorherige Definition zurückgreifen:

PI = 3.1415926536;
MaxInt = 32767;
False = (Wahrheitswert falsch)
True = (Wahrheitswert wahr)

Das Beispiel *PI* gibt eine Begründung für die Definition von Konstanten: Man kann beim Schreiben von Programmen Platz und Zeit sparen, wenn man einen kurzen Konstantennamen statt eines längeren einsetzen kann. Daher wird man auf eine Definition *Letzter_Buchstabe* = 'Z' verzichten, wenn nicht andere Gründe vorliegen.

4.2.2 Variablendeklaration

Der Wert einer Konstanten bleibt im gesamten Programm unverändert, dagegen kann man einer Variablen nacheinander verschiedene Werte zuweisen. Eine Variable wird deklariert, indem man einen Namen festlegt und (nach einem Doppelpunkt :) angibt, von welchem Typ die Werte sein müssen, die man der Variablen zuweisen kann. Die Variablendeklarationen leitet man mit dem dafür reservierten Wort *Var* ein und schließt jeweils mit einem Semikolon ; ab.

Beispiele für Variablendeklarationen:

Var   Zahl: Real;
I, J, K: Integer;
Zeile: String(.80.);

Anmerkungen zur Schreibweise:

1. Die Zuordnung des Typs geschieht mit einem Doppelpunkt : zwischen Variablenname und Typname.
2. Man kann wie im zweiten Beispiel mehrere Variablen gleichen Typs zusammengefaßt deklarieren: Man führt die Variablennamen durch Kommata getrennt auf und gibt dann den gemeinsamen Typ an.

In den Beispielen kommen als Zahlentypen *Real* (Kommazahl) und *Integer* (Ganzzahl) vor. Sie sind wie *String* (Zeichenkette) Standardtypen in *Turbo Pascal*, brauchen also nicht vorher definiert zu werden. Die Standardtypen werden im Kapitel 5 genauer untersucht. Beim Typ *String* ist die maximale Anzahl der Zeichen anzugeben, sie wird in den Doppelzeichen (. und .) oder in eckigen Klammern [und] angefügt.

4.2.3 Labeldeklaration

Vor jede Anweisung des Programms kann ein Label gesetzt werden, der als
Adresse für einen Sprung (mit *Goto*) dient. Ein Label besteht aus einem
Labelnamen, der in *Turbo Pascal* ein Bezeichner (s. Abschnitt 3.4) oder eine
Zahl sein darf, und wird mit einem Doppelpunkt abgeschlossen. Die Dekla-
ration von Labels wird durch das reservierte Wort *Label* eingeleitet.
Beispiel für die Deklaration mehrerer Labels:

> *Label NeuAnfang,* 18, *Exit;*

Wie man Labels einsetzt, wird in Abschnitt 4.4.3 beschrieben.

4.2.4 Prozeduren und Funktionen

Im Deklarationsteil eines Programms kann der Programmierer Prozeduren
und Funktionen bereitstellen. Das sind Teilprogramme, die eine Folge von
Anweisungen unter einem eigenen Namen zusammenfassen. Mit dem Aufruf
des Namens im Programm wird dann die Bearbeitung der Anweisungsfolge
ausgelöst.
Prozeduren und Funktionen lassen sich (vergleichbar mit Bausteinen) beim
Schreiben eines Programms einsetzen. *Turbo Pascal* stellt eine Reihe von
Standardprozeduren und -funktionen zur Verfügung. Sie enthalten Bearbei-
tungsvorgänge, die in vielen Programmen benötigt werden. Für die einzelnen
Programme kann man weitere Prozeduren und Funktionen selbst deklarieren. Wie man dabei vorzugehen hat, wird in den Abschnitten 6.4 und 6.5
genauer beschrieben. Beispiele für selbstdeklarierte Prozeduren finden sich
(schon vor Kapitel 6) in den Programmen auf der Diskette zum Buch.

4.3 Anweisungsteil

Im Anweisungsteil eines Programms dürfen nur solche Bezeichner vorkommen, die entweder standardmäßig verfügbar sind oder die im Deklarationsteil eingeführt wurden. Der Compiler weist bei der Überprüfung des Programms auf syntaktische Fehler alle ihm unbekannten Bezeichner zurück.
Im Anweisungsteil des Programms sind die Anweisungen zusammengefaßt,
mit denen alle Vorgänge wie die Eingabe und die Ausgabe von Daten oder
die Verarbeitungsschritte gesteuert werden. Welche Regeln beim Schreiben
der Anweisungen zu beachten sind, wird im Abschnitt 4.4 an einfachen
Anweisungen eingeführt. Hier sei nur angemerkt, daß der Anweisungsteil die
Form einer Verbundanweisung (s. Abschnitt 6.1) hat, er wird mit dem
reservierten Wort *Begin* eingeleitet und mit dem Wort *End* abgeschlossen.

Der dem Wort *End* folgende Punkt schließt den Programmblock ab:

> *Begin*
>   Anweisungen
> *End.*

Der Anweisungsteil wird in Abschnitt 4.4 mit einfachen Anweisungen ausgefüllt, so daß ein lauffähiges Programm entsteht.

4.4 Einfache Anweisungen

Dieser Abschnitt soll zeigen, wie man einfache Anweisungen wie eine Wertzuweisung, einen Prozeduraufruf (z. B. zur Eingabe oder zur Ausgabe von Daten) oder einen Sprung in *Turbo Pascal* formuliert. Damit können Sie dann schon kleine Programme schreiben.

Zunächst sollte auf einen Unterschied zwischen der Konstantendefinition und der Variablendeklaration aufmerksam gemacht werden. Mit der Definition

> *Const MWS* = 0.14;

erhält die Konstante *MWS* einen Wert zugewiesen, zugleich aber auch einen Typ. Dieser ergibt sich aus dem Wert, hier erhält die Konstante *MWS* mit dem Wert 0.14 den Typ *Real* (Kommazahl).

Anmerkung: Über typisierte Konstanten informiert der Abschnitt 9.2.

Bei der Deklaration einer Variablen werden dagegen nur ein Name und ein Typ festgelegt, ein Wert wird noch nicht zugewiesen. Der Typ gibt lediglich an, aus welcher Menge die Werte zu nehmen sind, die der Variablen zugewiesen werden können. Der Programmierer muß selbst dafür sorgen, daß eine Variable einen Anfangswert erhält, bevor die Programmbearbeitung darauf zugreift. Ohne ein solches Initialisieren hat die Variable keinen definierten Wert, und das kann zu schlimmen Fehlern führen.[1]

Der Wert einer Variablen kann im Laufe der Programmbearbeitung durch andere ersetzt werden. Jedesmal wenn die Bearbeitung auf die Variable zugreift, d. h. in einer Anweisung ihr Name vorkommt, dann wird der aktuelle Wert verarbeitet.

In *Turbo Pascal* gibt es unterschiedliche Möglichkeiten, einer Variablen einen Wert zuzuweisen. Man kann den Wert von außen zuweisen, das geschieht mit einer Eingabeanweisung. Ein Wert läßt sich aber auch intern zuweisen, das leistet eine Anweisung, die man (im engeren Sinn) Wertzuweisung nennt. Diese soll zunächst untersucht werden.

---

[1] In manchen Sprachsystemen wird allen Variablen automatisch ein Anfangswert zugewiesen, den Zahlenvariablen meist der Wert 0. Der Programm-Ersteller sollte trotzdem initialisieren.

4.4.1 Wertzuweisung

Die interne Wertzuweisung wird in *Turbo Pascal* mit dem Doppelzeichen :=
geschrieben, man kann es als nach links gerichteten Pfeil interpretieren
und aussprechen als „erhält zugewiesen". Links vom Zuweisungszeichen :=
schreibt man den Namen der Variablen, die den Wert erhalten soll.

Beispiel: Die Anweisung

> *Preis* := 19.90;

weist der Variablen *Preis,* für die der Typ *Real* vereinbart sein muß, den
Wert 19.90 zu.

Die Zuweisung eines konstanten Wertes ist der einfachste Fall einer Wertzuweisung. Häufig wird auf der rechten Seite des Zuweisungszeichens ein
Term (s. Kapitel 5) stehen. Dann wird zunächst der Wert des Terms berechnet und dann der Variablen zugewiesen.

Beispiele für die Zuweisung von Termen:

> *Zahl* := *Zahl* + 1;
>> Der bisherige Wert von *Zahl* wird um 1 erhöht.
>
> *Preis* := *Netto* + *Netto* * *MWS;*
>> Zum Nettopreis wird der Mehrwertsteuerbetrag addiert,
>> damit ergibt sich der Wert von *Preis.*
>
> *Zeile* := *Sprache* + 'ist leicht zu erlernen';
>> Wenn *Sprache* den Wert 'Turbo Pascal' hat, dann erhält
>> *Zeile* den Wert 'Turbo Pascal ist leicht zu erlernen'.
>
> *Zeile* und *Sprache* sind vom Typ *String* deklariert.

Auf der linken Seite einer Wertzuweisung darf nur eine einzelne Variable
stehen. Diese muß den Typ der Werte haben, die sich bei der Termauswer-
tung ergeben. Bei der Überprüfung eines Programms auf syntaktische Kor-
rektheit (s. Abschnitt 2.2.5) meldet der Compiler einen Fehler, wenn der
Typ nicht übereinstimmt.

4.4.2 Prozeduraufruf

Eine Prozedur ist ein Unter- oder Teilprogramm in einem anderen Programm.
Eine Prozedur läßt sich von verschiedenen Stellen her mit ihrem Namen aufrufen und erledigt dann eine Folge von Bearbeitungsschritten. *Turbo Pascal*
stellt eine Reihe von Standardprozeduren zur Verfügung. Wie der Benutzer
weitere Prozeduren definieren kann und was beim Übergeben von Parametern zu beachten ist, wird in Abschnitt 6.4 genauer untersucht.

Hier sollen die Prozeduren zur Eingabe und zur Ausgabe von Daten sowie
einige weitere nützliche Standardprozeduren angegeben werden.

4.4.2.1 Eingabeanweisung (Read)

Mit der Eingabeprozedur *Read* kann einer Variablen ein Wert von außen, d. h. von einem Eingabegerät wie Tastatur, Diskettenlaufwerk oder Markierungskartenleser, zugewiesen werden. Man ruft die Eingabeprozedur mit ihrem Namen *Read* (mit Angabe des Variablennamens) auf. So wird die Eingabe eines Wertes für die Variable *Name* vom Typ *String* mit der Anweisung

   Read (Name);

veranlaßt.

Mit dem Aufruf der Eingabeprozedur *Read* wird zunächst die Eingabe einer Zeichenkette über die Tastatur in einen Zwischenspeicher, den Eingabepuffer, gesteuert. Dieser kann bis zu 127 Zeichen aufnehmen, das entspricht einer Zeile. Der Pufferinhalt erscheint auf dem Bildschirm und kann dort korrigiert werden. Mit dem Drücken der Taste <ENTER> wird dann der Inhalt des Eingabepuffers in den Arbeitsspeicher aufgenommen und der Variablen *Name* zugewiesen.

Bei der Deklaration einer Stringvariablen (s. Abschnitt 4.2.2) wird eine maximale Anzahl von Zeichen festgelegt. Hat der eingegebene Text weniger Zeichen, dann nimmt die Variable alle auf. Die aktuelle Anzahl der Zeichen wird mit abgespeichert (auf Platz 0), sie steht also für weitere Verarbeitungsvorgänge wie die Ausgabe zur Verfügung. Hat der eingegebene Text mehr Zeichen als die Maximalzahl angibt, dann werden die überzähligen Zeichen nicht mit aufgenommen, sie bleiben im Puffer.

Das ist anders bei einer *Readln*-Anweisung, *Readln* ist eine Verkürzung von Read Line. Mit dem Aufruf

   Readln (Name)

wird das gleiche bewirkt wie mit dem Aufruf der Prozedur *Read*, nämlich die Aufnahme eines Textes und die Wertzuweisung an die Variable *Name*. Doch nun wird der Teil des Pufferinhalts, der über die deklarierte Maximalzahl von Zeichen im String *Name* hinausgeht, abgeschnitten und geht verloren.

Man kann beim Aufruf von *Read*, wenn ein Zeichen einzulesen ist, die Adresse *Kbd* der Tastatur voranstellen:

   Read (Kbd,Zeichen);

Das hat zur Folge: Die Eingabe des Zeichens braucht nicht mit <ENTER> abgeschlossen zu werden und das eingegebene Zeichen erscheint nicht auf dem Bildschirm. Eine Anwendung zeigt das Beispielprogramm *CODE*, mit dem zu einem eingegebenen Zeichen die Ordnungszahl ausgegeben wird.

Eine genauere Untersuchung der Prozeduren *Read* und *Readln* erfolgt in Abschnitt 8.4 im Zusammenhang mit der Untersuchung von Textfiles. Dort wird der hier dargestellte Sonderfall der Tastatureingabe verallgemeinert auf die Eingabe von anderen Eingabegeräten aus.

Es bleibt anzumerken, daß mit der *Read-* oder der *Readln-*Prozedur auch Zahlenwerte aufgenommen werden können.

Mit einem einzigen Aufruf lassen sich die Werte für mehrere Variable eingeben. Das Beispiel

   Readln(Zahl,X,Name);

zeigt, daß man die Variablennamen mit Kommata getrennt schreibt. Die im Aufruf genannten Variablen können auch von unterschiedlichem Typ sein. Ihre Werte werden über Tastatur nacheinander in der Reihenfolge der Nennung geschrieben und durch Leerzeichen voneinander getrennt.

Man kann die Prozeduren *Read* und *Readln* auch ohne die Angabe von Variablen aufrufen. Steht an einer Stelle des Programms der Aufruf

   Readln;

dann wird an dieser Stelle der Bearbeitungsablauf unterbrochen, bis die Taste <ENTER> gedrückt wird.

4.4.4.2 Ausgabeanweisung (Write)

Die Werte von Variablen oder von Termen lassen sich mit der *Write-*Prozedur an ein Ausgabegerät wie den Bildschirm, den Drucker oder das Diskettenlaufwerk ausgeben. Mit dem Aufruf

   Write(Name);

wird der aktuelle Wert der Variablen *Name* auf dem Bildschirm ausgegeben. Wünscht man die Ausgabe über den Drucker, dann muß man seine Adresse *Lst* zusätzlich im Aufruf nennen:

   Write(Lst,Name);

Die Ausgabe auf dem Bildschirm beginnt an der Stelle, an der der Cursor steht. Hat *Name* den Wert 'Turbo', dann werden die fünf Buchstaben (ohne die Hochkammata) geschrieben, der Cursor steht an der Stelle rechts vom o:

```
Turbo_
```

Man kann auch konstante Zahlen oder Zeichenketten an die *Write-*Prozedur übergeben, auch Terme aus Konstanten, Variablen und Funktionsaufrufen sind zugelassen. Vor der Ausgabe wird dann der Wert des im Aufruf genannten Terms ausgerechnet.

Sollen mehrere Werte ausgegeben werden, kann man sie in einen Aufruf (durch Kommata getrennt) schreiben.

Beispiel:

Write (Name, 'Pascal', *Text);*

Hat *Name* den Wert 'Turbo' und *Text* den Wert 'macht Spaß!', dann erscheint auf dem Bildschirm

```
Turbo Pascal macht Spaß!_
```

Das gleiche wie *Write* leistet die Ausgabeanweisung *Writeln* (von Write Line), doch steht der Cursor anschließend nicht rechts vom letzten Zeichen, sondern am Anfang der nächsten Zeile.

Mit dem Aufruf

Writeln;

ohne Übergabe eines Wertes kann man eine Leerzeile auf dem Bildschirm schreiben.

Beim Schreiben der Ausgabeanweisung muß man beachten, daß auch Leerzeichen des Textes (in Hochkommata eingeschlossen) explizit als Textkonstanten vorzugeben sind.

Hat *T* den Wert 'Turbo' und *P* den Wert 'Pascal', dann liefert die Anweisung

WriteLn (T,' ',P);

die Ausgabe

```
Turbo Pascal

_
```

Die Ausgabe auf dem Bildschirm und mit dem Drucker läßt sich formatieren, d.h. auf einen gewünschten Platz in der Zeile bringen. Man gibt in der Ausgabeanweisung nach dem Wert mit einem Doppelpunkt : an, wieviel Stellen die Ausgabe einnehmen soll, d.h. man gibt die Weite des Ausgabefeldes vor. Mit

Write (T :15,P :7);

ergibt sich das Schirmbild

```
Turbo Pascal_
```

Der Wert wird rechtsbündig in das vorgegegebene Ausgabefeld geschrieben.

Die Vorgabe eines Ausgabefeldes ist auch bei Zahlen möglich. Das ist besonders wichtig, wenn man die Zahlen untereinander anordnen will. Bei Ganzzahlen wird wie bei Texten eine Weite des Feldes angegeben, in das sie rechtsbündig geschrieben werden. Bei Kommazahlen kann eine zweite Angabe hinzukommen. Während die erste Zahl die Weite des Ausgabefeldes angibt, d.h. wie viele Stellen insgesamt zum Schreiben frei sind, legt die zweite Zahl die Anzahl der Nachkommastellen fest.

Hat *Preis* den Wert 19.90, dann liefert der Aufruf

> *Write*('Preis: ',*Preis*:10:2,' DM');

das Schirmbild

```
    Preis:      19.90 DM_
```

Die Formatierungsmöglichkeiten sollte der Programm-Ersteller ausnutzen, um die Ausgabe auf dem Bildschirm ansprechend und übersichtlich zu gestalten.

4.4.2.3 Einige Standardprozeduren

Die folgenden Standardprozeduren von *Turbo Pascal* lassen sich für die Bildschirmgestaltung und für den Programmablauf einsetzen:

> *ClrScr* (Clear Screen)

Der Aufruf *ClrScr* löscht den Bildschirm und setzt den Cursor an den Anfangspunkt oben links.

> *ClrEoL* (Clear End of Line)

Der Aufruf *ClrEoL* löscht alle Zeichen der Zeile rechts vom Cursor.

> *GotoXY*

Der Aufruf *GotoXY (XWert,YWert)* erfordert zwei Parameter vom Typ *Integer* oder *Byte* und setzt den Cursor auf die Position, die mit *XWert* (Spaltennummer 1..80) und *YWert* (Zeilennummer 1..24) angegeben ist.

> *Delay*

Der Aufruf *Delay(Pause)* erfordert einen Parameter vom Typ *Integer* oder *Byte* und bewirkt eine Pause im Programmablauf, deren Dauer (in ms) von *Pause* festgelegt ist.

4.4.3 Sprunganweisung *Goto*

Beim Ablaufen eines Programms werden seine Anweisungen sequentiell
bearbeitet, wenn nicht eine Abweichung von der Reihenfolge einprogram-
miert wird (s. Kapitel 6). Die Anweisung

> *Goto* Labelwert;

bewirkt beim Programmablauf einen Sprung zum angegebenen Label, das
vorher deklariert sein muß (s. Abschnitt 4.2.3).

Ein Sprung mit *Goto* zu einem Label ist nur innerhalb eines Programm-
blocks möglich. Mit dieser Anweisung kann man also nicht aus einer Prozedur heraus zu einem Label des aufrufenden Programms springen.

4.5 Kommentare

Mit den bisher eingeführten Anweisungen lassen sich schon einfache Programme schreiben. Auch wenn sie noch kurz und übersichtlich sind, sollte
man die Programme schon kommentieren, damit sie auch von anderen gelesen
und verstanden werden können. Und der Verfasser eines Programms ist nach
längerer Zeit ganz froh, wenn Kommentare ihn darauf hinweisen, was das
Programm bewirkt und wie es aufgebaut ist.

Ein Kommentar im Programm wird durch Einschließen in geschweifte
Klammern oder (wie durchgängig in diesem Buch) in Doppelzeichen aus
runden Klammern und Stern kenntlich gemacht.

Beispiele für Kommentare:

> *Name:String*(.24.); (* nimmt den Namen auf *)
> *ClrScr*; (* löscht den Bildschirm *)

Bei der Bearbeitung eines Programms werden darin enthaltene Kommentare
einfach übersprungen, sie haben keine Wirkung auf die Abfolge beim Programmablauf. Man kann sie an beliebiger Stelle einsetzen, sie trennen auch
Bezeichner (s. Abschnitt 3.4.4) und andere Sprachelemente.

Wenn man hinreichend Kommentare einfügt, dann braucht man keine
weiteren Erläuterungen zum Programm. Das zeigen die Beispielprogramme
im Abschnitt 4.6.

Hinweis: Auch Compiler-Direktiven werden wie Kommentare in (* und *)
eingeschlossen (s. Abschnitt 9.4).

4.6 Starten des Programmablaufs

Mit den beschriebenen einfachen Anweisungen können Sie kleine Programme selbst schreiben und ablaufen lassen. Wie Sie dabei vorgehen, ist schon in den Einzelheiten beschrieben worden und braucht nur noch einmal stichwortartig zusammengefaßt zu werden:

1. Betriebssystem *MS-DOS* starten (s. Abschnitt 1.1),
2. Sprachsystem mit *TURBO* aufrufen (s. Abschnitt 2.1),
3. Laufwerk *B:* wählen (s. Abschnitt 2.2.1),
4. Editor mit *E* aufrufen und Workfile benennen (s. Abschnitt 2.2.4),
5. Programm im Editor schreiben (s. Abschnitt 2.3).

Ist das Programm fertig geschrieben, verlassen Sie den Editor mit <Ctrl><K><D> und gehen zurück in die Kommandoebene von *Turbo Pascal*. Nun können Sie mit dem Kommando *C* den Compiler aufrufen, der das Programm auf syntaktische Fehler hin untersucht und in Maschinencode übersetzt. Findet der Compiler einen Fehler, dann gibt er auf dem Bildschirm eine Fehlermeldung aus. Mit der Taste <ESC> gelangen Sie automatisch in den Editor, der Cursor steht an der Stelle, an der sich der Fehler bemerkbar machte.

Ist das Programm schließlich frei von syntaktischen Fehlern, dann können Sie es mit dem Kommando *R* starten. Vorher sollten Sie es mit dem Kommando *S* auf der Diskette abspeichern.

Um Ihnen zu zeigen, wie die bisher entwickelten Sprachelemente beim Programmieren einzusetzen sind und wie man Programme durch eingefügte Kommentare besser lesbar machen kann, werden drei Beispielprogramme abgedruckt.

Das erste Programm mit dem Namen *START* zeigt den Aufbau aus Programmkopf, Deklarationsteil und Anweisungsteil. Dieser enthält nur Anweisungen, die schon besprochen wurden.

```
Program Start;
(* erstes Programm mit Ein- und Ausgabe *)
Const Linie = '------------------------------------------';
Var Name: String (.20.);
            (* zur Aufnahme des Benutzernamens *)
Begin                   (* Anfang des Anweisungsteils *)
   ClrScr;              (* löscht den Bildschirm *)
   GotoXY (10,3);       (* setzt Cursor in Zeile 3 und Spalte 10 *)
   Writeln ('Willkommen in Turbo Pascal !');
   Writeln (Linie);     (* gibt die Konstante aus *)
   Writeln;             (* liefert Leerzeile *)
   Write ('Bitte geben Sie Ihren Namen ein:');
                        (* fordert zur Eingabe des Namens auf *)
```

```
        Readln (Name);       (* steuert die Eingabe des Namens *)
        GotoXY (1,13); Writeln (Linie);
        Writeln ('Auf gute Zusammenarbeit, ', Name, ' !'); Writeln;
        Writeln ('Sie werden sehen, daß Turbo Pascal leicht');
        Writeln ('zu erlernen und vielseitig einzusetzen ist!');
        Writeln (Linie);
    End.             (* Ende des Anweisungsteils und des Programms *)
```

An diesem einfachen Beispiel läßt sich schon erkennen, daß eingefügte
Kommentare die Lesbarkeit verbessern.

Das zweite Programm *CODE* erlaubt Ihnen, zu den Tasten Ihres PC die
Ordnungszahlen ausgeben zu lassen. Im Programm ist eine Wiederholung
vorgesehen, die mit den reservierten Wörtern *Repeat* und *until* gesteuert
wird. Dies wird im Abschnitt 6.3.2 genauer untersucht. Bei der Aufnahme
des Zeichens ist im Aufruf von *Read* die Bezeichnung *Kbd* (für Tastatur)
vorangestellt worden. Da dann keine Echoausgabe erfolgt, folgt für die
Bildschirmausgabe eine *Write*-Anweisung.

```
    Program Code;
        (* die Zeichen der Tastatur und ihre Ordnungszahl *)
    Var Zeichen:Char;
        Ordnungszahl: Byte;
    Begin ClrScr; (* löscht den Bildschirm *)
        Writeln ('Codierung der Tastenbelegungen');
        Writeln ('------------------');
        Writeln ('   Zeichen      Ordnungszahl   ');
        Writeln ('A':6, Ord ('A'):17);
        Writeln ('Z':6, Ord ('Z'):17);
        Writeln ('Nun erproben Sie die Tasten Ihrer Tastatur,');
        Writeln ('zum Abschluß nur <ENTER> ...');
        Repeat        (* leitet eine Wiederholung ein *)
            Write (' ':5); Read (Kbd, Zeichen); Write (Zeichen);
                (* nimmt Zeichen vom Keyboard auf und gibt es aus *)
            Writeln (Ord (Zeichen):17); (* gibt Ordnungszahl aus *)
        until Ord (Zeichen) = 13;  (* beendet Wiederholung, wenn nur
            <ENTER> eingegeben wird. <ENTER> hat die
            Ordnungszahl 13 *)
        Writeln ('-------------------');
    End. (* Programmende *)
```

Mit dem dritten Programm *GRAFIK* werden für eingegebene Ordnungszahlen die zugehörigen Zeichen ausgegeben. Insbesondere kann man für
Zahlen über 127 die verfügbaren Grafikzeichen (s. Anhang C) ausgeben
lassen. Die Wiederholung wird mit einem Label *Marke* und der Anweisung
Goto gesteuert, dabei wird eine *If-then*-Anweisung (s. Abschnitt 6.2.2)
benutzt.

```
Program Grafik;
      (* gibt Zeichen zu vorgegebenen Ordnungszahlen und insbesondere
      die Grafikzeichen des erweiterten ASCII aus *)
Const Leer6='     ';
      Linie =' ------------------------------------------';
Label Marke;
Var Ordnungszahl: Byte;
Begin    (* Anweisungsteil des Programms *)
    ClrScr; Writeln (Linie);
    Writeln ('Geben Sie Ordnungszahlen von 1 bis 255 ein,');
    Writeln ('auf dem Bildschirm erscheint das Zeichen .');
    Writeln ('Zum Abschluß 0 eingeben)');
    Writeln (Linie);
    Marke:               (* Label für die Wiederholung *)
       Write ('Ordnungszahl: '); Read (Ordnungszahl);
       Writeln (Leer6, 'Zeichen: ', Chr (Ordnungszahl));
       If Ordnungszahl <> 0 then Goto Marke;
    Writeln (Linie); Writeln;
    (* der folgende Programmteil zeichnet mit Grafikzeichen ein doppelt
       umrandetes Rechteck *)
    Writeln (#201, #205, #205, #205, #205, #205, #205, #209,
          #205, #205, #205, #205, #205, #205, #187);
    Writeln (#186, Leer6, #179, Leer6, #186, Leer6, 'Leerkasten');
    Writeln (#200, #205, #205, #205, #205, #205, #205, #207,
          #205, #205, #205, #205, #205, #188);
    Writeln; Writeln;
    Writeln (Leer6, #201, #205, #205, #205, #205, #205, #205, #209,
          #205, #205, #205, #205, #205, #205, #187);
    Writeln (Leer6, #186, 'Turbo', #179, 'Pascal', #186);
    Writeln (Leer6, #200, #205, #205, #205, #205, #205, #205, #207,
          #205, #205, #205, #205, #205, #205, #188);
End.      (* Programm Grafik *)
```

Zum Abschluß der Programmbearbeitung wird mit Grafikzeichen ein doppelt umrandeter Kasten gezeichnet.

Die drei Beispielprogramme finden Sie auf der Diskette zum Buch, Sie können sie von dort mit *E* (oder *W*) in den Workfile holen. Im Editor können Sie die Programme genau betrachten und sie nach ihren Wünschen verändern oder erweitern.

Auch die folgende Entwicklung der Datentypen und der Steuerstrukturen von *Turbo Pascal* wird durch Beispielprogramme veranschaulicht, sie sind auf der Diskette abgelegt. Im Anhang D sind die Programme aufgelistet und kurz beschrieben. Schreiben und erproben Sie aber auch eigene Programme, das macht Sie mit den Sprachelementen vertraut und gibt Ihnen die erforderliche Sicherheit in der Syntax der Sprache.

5 Einfache Datentypen und ihre Operationen

Sie wissen: Im Deklarationsteil eines Programms muß jede Variable, die im Anweisungsteil vorkommt, mit Namen und Typ festgelegt werden (s. Abschnitt 4.2). Der angegebene Typ gibt die Menge der Werte an, die man der Variablen zuweisen kann.

Turbo Pascal stellt dem Benutzer 6 Datentypen, die viel gebraucht werden, standardmäßig zur Verfügung. Zu den Standardtypen gehören die Zahlentypen *Byte*, *Integer* und *Real*, der Wahrheitswerttyp *Boolean* und die Texttypen *Char* für einzelne Zeichen und *String* für Zeichenketten.

Für jeden der Standardtypen werden geeignete Operatoren und Funktionen von der Sprache her bereitgestellt. Wie man mit den Standardtypen umzugehen hat und wie man die Verarbeitung programmiert, soll in den ersten Abschnitten dieses Kapitels beschrieben werden.

Über die Standardtypen hinaus kann der Benutzer weitere Typen selbst definieren. Damit kann er sich Typen herstellen, die seinem Problem optimal angepaßt sind. Wie man neue einfache Typen definiert, wird in Abschnitt 5.3 gezeigt. Die Definition strukturierter Datentypen und der Umgang mit ihnen werden dann im Kapitel 7 beschrieben.

Die Anregung vom Schluß des letzten Kapitels sei noch einmal wiederholt: Sie können zu den folgenden Beschreibungen kleine Programme schreiben, mit denen Sie die Eigenschaften der Standardtypen und die Wirkungen der Operationen selbst testen. Dadurch werden Sie schneller mit ihrem Einsatz vertraut. Die Beispielprogramme können Ihnen Hinweise zu eigenen Erprobungsprogrammen geben.

5.1 Standardtypen in *Turbo Pascal*

Die Namen der 6 einfachen Standardtypen können Sie bei der Deklaration von Variablen verwenden, ohne sie vorher definieren zu müssen.

5.1.1 Zahlentypen

Bei Zahlenvariablen ist zu unterscheiden, ob ihnen ganze Zahlen oder Kommazahlen zugewiesen werden sollen. Damit wird der unterschiedlichen internen Verarbeitung Rechnung getragen, und man spart Speicherplatz: Für Kommazahlen (Typ *Real*) sind 6 Byte Speicherplatz erforderlich, für ganze Zahlen (Typ *Integer*) nur 2 Byte. Um den Speicherplatz noch ökonomischer verwalten zu können, führt *Turbo Pascal* für eine Teilmenge der ganzen Zahlen den Typ *Byte* ein. Wie der Name aussagt, benötigt man für die Werte dieses Typs nur ein Byte Speicherplatz.

5.1.1.1 Typ Byte

Der Typ *Byte* definiert die Teilmenge 0..255 der ganzen Zahlen. Bei der Zuweisung eines Wertes außerhalb dieses Bereichs erfolgt keine Fehlermeldung, wenn man innerhalb des *Integer*-Bereichs bleibt. Doch die aufgenommene Zahl entspricht dem Wert *Zahl* modulo 255, das entspricht dem zweiten Byte der Integerzahl. Tritt bei arithmetischen Operationen ein Überlauf auf, wird er nicht entdeckt.

5.1.1.2 Typ Integer

Der Typ *Integer* definiert die Teilmenge der ganzen Zahlen von -32768 bis 32767. Bei Zuweisung eines Wertes außerhalb des Bereichs erfolgt eine Fehlermeldung. Bei arithmetischen Operationen wird ein Überlauf nicht entdeckt. Auch Teilergebnisse von Berechnungen müssen innerhalb des Bereichs liegen.

Da der Typ *Byte* ein Teilbereich des Typs *Integer* ist, lassen sich auf beide Typen die gleichen Operationen anwenden. Variablen der beiden Typen können in Termen gemischt vorkommen und sich gegenseitig ersetzen.

5.1.1.3 Typ Real

Der Typ *Real* definiert die Teilmenge der reellen Zahlen, die in der Normaldarstellung (Beispiel: 0.7235196542E-02) eine Mantisse mit 10 signifikanten Ziffern und einen Exponenten zwischen -38 und $+38$ haben. Die kleinste Zahl ist 0.0000000000E-38. und die größte 0.9999999999 E$+38$.

Tritt bei einer arithmetischen Operation ein Überlauf auf, wird der Programmablauf mit einer Fehlermeldung abgebrochen. Der Typ *Real* gehört als einziger der einfachen Standardtypen nicht zu den skalaren Typen. Das bedeutet eine Einschränkung in der Anwendung: Man darf keine Variablen dieses Typs einsetzen, wo es auf die Anordnung ankommt wie z. B. in den Funktionen *Pred* oder *Succ* (s. Abschnitt 5.4). Auch zur Indizierung bei strukturierten Datentypen darf keine *Real*-Variable verwendet werden.

5.1.2 Wahrheitswerttyp *Boolean*

Der Typ *Boolean* definiert die Menge der beiden Wahrheitswerte *False* und
True.
Er gehört zu den skalaren Typen, die Anordnung ist so festgelegt, daß
True > *False* gilt. Für Variablen vom Typ *Boolean* wird im Speicher 1 Byte
benötigt.

5.1.3 Texttypen

Für die Bearbeitung von Texten stehen zwei Typen zur Verfügung, der
(einfache) Typ *Char* für einzelne Zeichen und der (strukturierte) Typ *String*
für Zeichenketten.

5.1.3.1 Typ Char

Der Typ *Char* definiert die Menge der im Zeichenvorrat Ihres PC verfügbaren
Zeichen (s. Anhang C).
Die Anordnung der Zeichen ergibt sich aus der Codierung (s. Abschnitt
3.1.3) und ist durch die Ordnungszahl festgelegt. Jedes Zeichen erfordert im
Speicher 1 Byte.

5.1.3.2 Typ String

Der Typ *String* ist im Gegensatz zu den bisher eingeführten kein einfacher
Datentyp. Er definiert die Menge der Ketten, die sich aus den verfügbaren
Zeichen (Typ *Char*) herstellen lassen. Die Anzahl der Zeichen kann zwischen
0 (Leerstring) und 255 betragen. Bei der Deklaration von Variablen vom Typ
String ist die Anzahl der Zeichen, die von der Variablen maximal aufgenom-
men werden können, in eckigen Klammern bzw. in (. und .) anzufügen.
Beispiele für Stringdeklarationen:

        Var   Zeile:String (.80.);
              Name:String (.16.);
              PLZ:String (.4.);
              Ort:String (.20.);

Mit der Angabe der maximalen Länge wird der Speicherplatzbedarf festgelegt,
er beträgt ein Byte pro Zeichen. Die aktuelle Länge des String wird auf dem
ersten Platz (Platznummer 0) gespeichert und kann bei *String*-Operationen
verwendet werden. Wie sich die maximale Länge auf die Wertzuweisung
auswirkt, wird in Abschnitt 4.4 beschrieben.

5.2 Operationen auf Standardtypen

Zu jedem Typ gehört eine Menge von Operationen, die sich darauf anwenden lassen. Welche Operatoren und welche Funktionen *Turbo Pascal* für die 6 Standardtypen bereitstellt und was bei ihrer Verwendung zu beachten ist, wird nun beschrieben. Die Operationen beziehen sich jeweils auf Werte eines bestimmten Typs. Man darf als Operanden der Operationen und als Argumente der Funktionen dann jeweils nur Konstanten, Variablen, Terme oder Funktionsaufrufe einsetzen, die vom zugehörigen Typ sind.

5.2.1 Zahlenverarbeitung

Für die Verarbeitung von Zahlen verwendet *Turbo Pascal* weitgehend die mathematische Schreibweise, sie ist Ihnen sicher vertraut. Die Beschreibung der Operationen kann sich daher kurz fassen und braucht nur auf Abweichungen gegenüber der Mathematik näher einzugehen.

5.2.1.1 Arithmetische Operatoren

Das Minuszeichen wird — wie gewohnt — als einstelliger Operator benutzt: Der Wert von $-Zahl$ hat das entgegengesetzte Vorzeichen wie der Wert von *Zahl*.

Zweistellige Operatoren verknüpfen je zwei Operanden zu einem Ergebnis, z. B. der Operator * die beiden Faktoren zu einem Produkt. In *Turbo Pascal* stehen die Operatoren +, —, * und / der vier Grundrechenarten für alle Zahlentypen zur Verfügung. Darüber hinaus gibt es für Operanden vom Typ Ganzzahl (*Integer* und *Byte*) die Ganzzahldivision mit dem Operator *div*. Das Ergebnis von *A div B* gibt an, wie oft *B* in *A* enthalten ist. Der bei der Ganzzahldivision entstehende Rest wird mit dem Operator *mod* ausgegeben.

Beispiele für die Ganzzahldivision:

        100 *div* 12 = 8   100 *mod* 12 = 4
         12 *div* 100 = 0   12 *mod* 100 = 12

Anmerkung: Die Operatornamen *div* und *mod* gehören zu den reservierten Wörtern, dürfen daher nicht anders verwendet werden. Das gleiche gilt für alle folgenden Operatorbezeichnungen.

Die folgende Tabelle zeigt die arithmetischen Operatoren und den Typ der jeweiligen Ergebnisse in Abhängigkeit von den Operandentypen. Die Ergebnisse der Grundrechenarten Addition, Subtraktion und Multiplikation sind vom Typ *Integer* (oder *Byte*), wenn beide Operanden vom Typ *Integer* (oder *Byte*) sind. Ist einer der Operanden vom Typ *Real*, dann auch das Ergebnis. Bei der Division mit / ist das Ergebnis in jedem Fall vom Typ *Real*.

Stufe	Operation	Operandentyp	Operator	Ergebnis	Ergebnistyp
1	Addition	*Integer/Real*	+	Summe	*Integer/Real*
	Subtraktion	*Integer/Real*	−	Differenz	*Integer/Real*
2	Multiplikation	*Integer/Real*	*	Produkt	*Integer/Real*
	Division	*Integer/Real*	/	Quotient	*Real*
	Ganzzahldiv.	*Integer*	*div*	Enthaltensanzahl	*Integer*
	Mod-Operation	*Integer*	*mod*	Divisionsrest	*Integer*

Für ein Testen der arithmetischen Operationen sind drei Programme auf der
Diskette vorgesehen, davon das folgende Programm *ZAHL_OP1* für Zahlen
vom Typ *Byte:*

```
Programm Zahlenoperationen1;
        (* Anwendung der arithmetischen Operationen
           auf Ganzzahlen vom Typ Byte *)
Const   L=#205;
Label Anfang;
Var Zahl1, Zahl2 : Byte;
Begin
  Anfang: ClrScr;
  (* der folgende Programmteil zeichnet mit Grafikzeichen einen Kasten
     mit einer Überschrift zum Programm *)
  Writeln('':16,#201,L,L,L,L,L,L,L,L,L,L,L,L,L,L,L,L,L,L,L,L,L, #209
      L,L,L,L,L,L,L,L,L,L,L,L,L,L,L,L,L,L,L,L, #187);
  Writeln('':16,#186,' Arithm. Operationen ',#179,
      auf Byte − Zahlen ', #186);
  Writeln('':16,#200,L,L,L,L,L,L,L,L,L,L,L,L,L,L,L,L,L,L,L,L,L,L,L,#207,
      L,L,L,L,L,L,L,L,L,L,L,L,L,L,L,L,L,L,L,L,L,#188);
  Writeln;
  Writeln('Geben Sie zwei ganze Zahlen von 0 bis 255 ein,');
  Writeln('auf sie werden die arithmetischen Operationen');
  Writeln('angewendet (Abschluß mit Zahl2=0).');Writeln;
  Write ('   Zahl1: ');Readln (Zahl1);
  Write ('   Zahl2: ');Readln (Zahl2);
  Writeln;
  (* Achten Sie bei den folgenden Ausgabeanweisungen auf die Feldweiten,
     besonders bei der Division *)
  Writeln (Zahl1:20,' + ',Zahl2:4,' = ' Zahl1+Zahl2:4);
  Writeln (Zahl1:20,' − ',Zahl2:4,' = ', Zahl1−Zahl2:4);
  Writeln (Zahl1:20,' * ',Zahl2:4,' = ', Zahl1*Zahl2:4);
  If Zahl2 <> 0   (* vermeidet Abbruch für Zahl2=0 *)
      then Writeln (Zahl1:20,' / ', Zahl2:4,' = ', Zahl1/Zahl2:10:4)
      else Writeln ('   Dividieren durch 0 ist nicht erlaubt!');
```

```
    Writeln;
    Writeln (Zahl1 : 19,'  div  ', Zahl2 : 4,'  =  ', Zahl1  div  Zahl2 : 4);
    Writeln (Zahl1 : 19,'  mod  ', Zahl2 : 4,'  =  ', Zahl1 mod Zahl2 : 4);
    Writeln; Writeln;
    Writeln ('Was geschieht, wenn Sie eine Zahl über 255');
    Writeln ('oder eine negative Zahl eingeben ?'); Writeln;
    Write ('Weiter mit <ENTER> '); Read;
    Goto Anfang;   (* der Anweisungsteil wird wiederholt, wenn nicht mit einem
                    Laufzeitfehler abgebrochen wurde *)
End.            (* Programm Zahlenoperationen1 *)
```

Das Programm *ZAHL_OP2* zeigt die arithmetischen Operationen für *Integer*-
werte und das Programm *ZAHL_OP3* für *Real*werte. Achten Sie bei der
Erprobung der drei Programme insbesondere auf Bereichsüberschreitungen
und auf die Formatierung der Ausgabe. Diese sollten Sie auch variieren, etwa
indem Sie auf die Angabe einer Feldweite verzichten.

Einen Operator für die dritte Stufe, das Potenzieren, stellt *Turbo Pascal* nicht
zur Verfügung. Soll eine Potenz berechnet werden, geht man auf mehrfaches
Multiplizieren zurück oder verwendet die Funktionen *Exp* und *Ln* (s. Abschnitt 5.2.1.3).

Anmerkung: *Turbo Pascal* bietet weitere Operatoren für Ganzzahlen an, die
sich auf die Codierung der Zahlen als Bitmuster beziehen. Diese sind in
Abschnitt 5.4.3 aufgeführt.

5.2.1.2 Arithmetische Terme

Die Ergebnisse der Operationen wie $A * B$ oder $A \, mod \, B$ sind Sonderfälle
arithmetischer Terme. Allgemein werden in einem Term Operanden (Konstanten, Variablen, Terme und Funktionsaufrufe) mit Hilfe von Operatoren
und unter Verwendung von Klammern zu einem Ergebnis verknüpft.

Beispiele für arithmetische Terme:

$$(a+1)*(a-1)$$
$$4/3*Pi*r*r*r$$
$$((T+e)/(r-m))*e$$

Solche Terme können z. B. auf der rechten Seite einer Wertzuweisung (s.
Abschnitt 4.4.1) stehen oder als Parameter an Prozeduren oder Funktionen
übergeben werden.

Wie ein Term geschrieben wird und wie sein Wert auszurechnen ist, richtet
sich in *Turbo Pascal* genau nach den Regeln der Mathematik, die man kurz
folgendermaßen formulieren kann:

  1. Was in Klammern steht, wird vorrangig berechnet.
  2. Punktrechnung (Stufe 2 der Tabelle) geht vor Strichrechnung
     (Stufe 1).

Mit Hilfe von Klammern läßt sich jeder Term so schreiben, daß er eindeutig zu berechnen ist.

5.2.1.3 Mathematische Funktionen

Funktionen werden in *Turbo Pascal* wie in der Mathematik geschrieben und verwendet. An den Funktionsnamen können (in runden Klammern) Argumente angefügt werden.

Beispiele für Funktionen:

Sin (Winkel)   ruft den Sinuswert des Winkels auf.
SqRt (Radikand)   ruft die Quadratwurzel (Squareroot) auf.

Wird die Funktion beim Ablauf des Programms mit Namen und Argument aufgerufen, dann wird der Wert der Funktion, der sich für den aktuellen Wert des Arguments ergibt, intern berechnet und an die Stelle des Aufrufs gesetzt.

Die folgende Tabelle enthält die in *Turbo Pascal* verfügbaren Standardfunktionen mit Zahlenargumenten. Wie der Benutzer sich weitere Funktionen selbst definieren kann, wird in Abschnitt 6.5 beschrieben.

Funktionsname	Argumenttyp	Wertetyp	Funktionswert
Abs	*Integer/Real*	*Integer/Real*	*Absolutwert*
ArcTan	*Integer/Real*	*Real*	*Arcustangenswert*
Cos	*Integer/Real*	*Real*	*Kosinuswert*
Exp	*Integer/Real*	*Real*	*Potenzwert zur Basis e*
Frac	*Integer/Real*	*Real*	*Nachkommaanteil*
Int	*Integer/Real*	*Real*	*Ganzzahliger Anteil*
Ln	*Integer/Real*	*Real*	*natürlicher Logarithmus*
Odd	*Integer*	*Boolean*	*wahr, wenn ungerade*
Pred	*Integer*	*Integer*	*Vorgänger*
Round	*Real*	*Integer*	*gerundeter Wert*
Sin	*Integer/Real*	*Real*	*Sinuswert*
Sqr	*Integer/Real*	*Integer/Real*	*Quadratzahl*
SqRt	*Integer/Real*	*Real*	*Quadratwurzel*
Succ	*Integer*	*Integer*	*Nachfolger*
Trunc	*Real*	*Integer*	*Ganzzahliger Anteil*

Anmerkung: Die Winkelwerte für die trigonometrischen Funktionen *Sin* und *Cos* werden im Bogenmaß eingegeben.

Welche Werte die Funktionen liefern, können Sie mit dem Programm *ZAHL_FKT* überprüfen.

5.2.2 Wahrheitswertverarbeitung

Wahrheitswerte kommen z.B. in Bedingungen vor, von denen der weitere Programmablauf abhängt (s. Kapitel 6). Aussagen wie $X < 0$ oder *Name* = 'Turbo Pascal' haben entweder den Wert *False* oder den Wert *True*. Einfache Aussagen lassen sich (wie andere Boolesche Terme) mit logischen Operatoren verknüpfen, man erhält zusammengesetzte Aussagen. Welchen Wahrheitswert eine zusammengesetzte Bedingung hat, ergibt sich aus der Definition der Operatoren.

5.2.2.1 Logische Operatoren

Als einstelliger Operator für Operanden (Konstanten, Variablen, Terme, Funktionsaufrufe) vom Typ Boolean wird *not* verwendet: *not* X hat den entgegengesetzten Wahrheitswert wie X.

Zweistellige logische Operatoren verknüpfen zwei Operanden vom Typ *Boolean* zu einem Ergebnis, das wieder ein Wahrheitswert ist.

Die folgende Tabelle führt die in *Turbo Pascal* verfügbaren logischen Operatoren auf. Neben den bekannten Operationen Konjunktion (Und-Verknüpfung) und Adjunktion (einschließendes Oder) steht auch das ausschließende Oder zur Verfügung. Da die beiden Operanden X und Y jeweils nur zwei Werte annehmen können, gibt es nur 4 Kombinationsmöglichkeiten. Die Tabelle definiert somit die logischen Operationen vollständig:

Operanden		Konjunktion	Inklusives Oder	Exklusives Oder
X	*Y*	*X and Y*	*X or Y*	*X xor Y*
False	*False*	*False*	*False*	*False*
False	*True*	*False*	*True*	*True*
True	*False*	*False*	*True*	*True*
True	*True*	*True*	*True*	*False*

Die Operatorenbezeichner *and*, *or* und *xor* gehören zu den reservierten Wörtern.

Wenn Sie die Booleschen Operatoren in einem Programm testen wollen, stellt sich ein Problem: Man kann die Wahrheitswerte *False* und *True* nicht über Tastatur eingeben. Wie Sie diese Schwierigkeit umgehen können, zeigt das folgende Programm *BOOLE_OP:*

```
Program BooleOperatoren;
   (* gibt die Werte bei logischen Verknüpfungen aus *)
Const L=#205;
      Linie='----------------------------------------',
Var W1, W2, OK: Boolean;
    Z1, Z2, Antwort: Char;
```

```
Label Anfang;
Begin
   Anfang: ClrScr;
   (* der folgende Programmteil zeichnet mit Grafikzeichen einen Kasten mit einer
      Überschrift zum Programm *)
   Writeln ('':13, #201, L,L,L,L,L,L,L,L,L,L,L,L,L,L,L,L,L,L,L,L,L, #209,
      L,L,L,L,L,L,L,L,L,L,L,L,L,L,L,L,L,L,L,L, #187);
   Writeln ('': 13, #186, 'Logische Operatoren ',#179,
            für Wahrheitswerte ', #186);
   Writeln ('':13, #200, L,L,L,L,L,L,L,L,L,L,L,L,L,L,L,L,L,L,L,L,L, #207,
      L,L,L,L,L,L,L,L,L,L,L,L,L,L,L,L,L,L,L,L, #188);
   Writeln;Writeln;
   Writeln (' Geben Sie zwei Wahrheitswerte ein, die verknüpft werden sollen, ');
   Writeln (' für True geben Sie T und für False F ein.');
   Writeln (Linie);
      (* mit dem folgenden Programmteil wird die Eingabe so oft wiederholt, bis
         das eingegebene Zeichen in der Menge (T, F) liegt. *)
   Repeat
      GotoXY (5, 10);Write ('Wahrheitswert 1:     ');
      GotoXY (23, 10);   * setzt Cursor nach links *)
      Readln (Z1);Z1:= Upcase (Z1); (* wandelt in Großschrift um *)
      OK := Z1 in (.'T','F'.)  (* prüft die Eingabe *)
   until OK;
   If Z1='T' then W1 := True else W1 :=False;  (* weist Wahrheitswerte zu *)
   Repeat
      GotoXY (5,11); Write ('Wahrheitswert 2:  ');
      GotoXY (23, 11); Readln (Z2); 72 :=Upcase (Z2);
      OK := Z2 in (.'T','F'.)  (* prüft die Eingabe *)
   until OK;
   If Z2 ='T' then W2 := True else W2 :=False;
   (* Ausgabe der Verknüpfungsergebnisse in Tabellenform *)
   Writeln;Writeln (Linie);
   Writeln ('  W1 = ', W1,'           not W1 = ',not W1);
   Writeln ('  W2 = ', W2,'           not W2 = ',not W2);
   Writeln (Linie);
   Writeln ('Und-Verknüpfung       W1 and W2 = ', W1 and W2);
   Writeln ('Einschl. Oder         W1 or  W2 = ', W1 or  W2);
   Writeln ('Auschl.  Oder         W1 xor W2 = ', W1 xor W2);
   Writeln (Linie);
   Writeln;Writeln;
   Write ('Noch einmal  (Y/N) ? '); Read(Kbd,Antwort);
   If Upcase (Antwort) <>'N' then Goto Anfang;
End.          (* Programm Boole Operatoren *)
```

Die Eingabe der Zeichen wird wiederholt, bis der Wert in der Menge der
Buchstaben T und F liegt. Dann erfolgt die Zuweisung der Wahrheitswerte.

5.2.2.2 Boolesche Terme

Mit den logischen Operatoren und mit Klammern lassen sich Boolesche Terme bilden. Für die Bildung eines Terms, d. h. für die Ermittlung seines Wahrheitswertes, gilt in Analogie zur Berechnung arithmetischer Terme:

1. Was in Klammern steht, wird vorrangig berechnet.
2. Die Und-Verknüpfung hat Vorrang vor den Oder-Verknüpfungen.

Beispiele für Boolesche Terme:

W or (X and Y xor Z)
(B xor O) and ((O or L) and E)

Sie sollten die Werte dieser Terme einmal für vorgegebene Belegungen der Operanden berechnen (oder mit einem Programm berechnen lassen).

5.2.2.3 Boolesche Funktionen

Wenn eine Funktion *True* oder *False* als Funktionswert liefert, bezeichnet man sie als Boolesche Funktion. Dabei spielt keine Rolle, von welchem Typ die Argumente sind oder ob überhaupt ein Argument erforderlich ist.

Ein Beispiel für eine Boolesche Funktion ist die *Odd*-Funktion, die für eine ganze Zahl ausgibt, ob sie ungerade ist. Ruft man *Odd (Zahl)* auf, so wird *True* geliefert, wenn der aktuelle Wert von *Zahl* ungerade ist.

Ein Beispiel für eine Boolesche Funktion, die kein Argument erfordert, ist *Keypressed.* Sie liefert den Wert *True*, wenn eine Taste der Tastatur gedrückt wurde. Diese Funktion läßt sich zur Steuerung der Eingabe über Tastatur einsetzen.

5.2.3 Zeichenkettenverarbeitung

Computer werden nicht nur für die Verarbeitung von Zahlen eingesetzt, sondern zunehmend stärker auch für die Verarbeitung von Texten. Für diesen Anwendungsbereich stellt *Turbo Pascal* den Standardtyp *String* und eine Reihe von Operationen und Funktionen bereit. Mit ihnen lassen sich viele Probleme der Textverarbeitung einfach und elegant lösen.

Auf Textbearbeitung wird in Kapitel 8 ausführlicher eingegangen. Dort werden die Stringoperationen und ihre Einbeziehung in ein Programm zum schreiben und zum Korrigieren von Texten genauer untersucht. Mit diesen Bausteinen läßt sich ein Textprogramm entwickeln. Auf der Diskette zum Buch finden Sie Beispiele für textverarbeitende Programme.

In diesem Abschnitt wird nur kurz beschrieben, welche Operatoren und Funktionen für Zeichen und Zeichenketten zur Verfügung stehen.

5.2.3.1 Stringoperatoren

Mit dem Operator + lassen sich zwei Operanden vom Typ *String* (oder *Char*) miteinander zu einem Gesamtstring verketten.

Beispiele für die Verkettung:

'T'+'u'+'r'+'b'+'ɔ'	liefert 'Turbo'.
'Turbo'+' '+'Pascal'	liefert 'Turbo Pascal'.
Anrede +' '+*Name*	liefert 'Herr Schmidt', wenn *Anrede* den Wert 'Herr' und *Name* den Wert 'Schmidt' hat.

Es sei daran erinnert, daß Stringkonstanten in Hochkommata eingeschlossen werden, um sie von anderen Sprachelementen zu unterscheiden.

5.2.3.2 Stringfunktionen

Eine Verkettung von Zeichenketten läßt sich auch durch die Funktion *Concat* erreichen. Sie und weitere Standardfunktionen für Strings sollen kurz beschrieben werden:

5.2.3.2.1 Concat

Der Aufruf *Concat(Str1,Str2,...,Strn)* liefert den Gesamtstring, der durch Verkettung der *n* Argumente (vom Typ *String* oder *Char*) entsteht.

Beispiel:

> *Concat(A,B,C,B,D)* liefert den Wert 'Der Turbo-Compiler arbeitet schnell', wenn *A* den Wert 'Der Turbo-Compiler', *B* den Wert ' ', *C* den Wert 'arbeitet' und *D* den Wert 'schnell' haben.

Der Funktionswert ist vom Typ *String*.

5.2.3.2.2 Copy

Der Aufruf *Copy (Str, Position,Anzahl)* liefert eine Teilkette aus der Kette, die als Wert des Argumentes *Str* übergeben wird. Mit *Position* wird die Stelle des ersten Zeichens der Teilkette und mit *Anzahl* ihre Länge übergeben.

Beispiel:

> Wenn *S* den Wert 'Turbo Pascal macht Spaß!', *Pos* den Wert 15 und *n* den Wert 4 haben, dann liefert der Funktionsaufruf *Copy(S,Pos,n)* den Wert 'acht' und *Copy(S,6,1)* den Wert ' '.

Der Funktionswert ist vom Typ *String*.

5.2.3.2.3 Length

Der Aufruf *Length (Ignore)* liefert die Anzahl der Zeichen im Wert vom Argument *Kette*.

Beispiel:

> Hat *Name* den Wert 'Schmidt, Peter', dann liefert *Length (Name)* den Wert 14.

Der Funktionswert ist vom Typ *Integer*.

5.2.3.2.4 Pos

Der Aufruf *Pos (Teil, Kette)* liefert die Position des ersten Zeichens von *Teil* in *Kette* (beide vom Typ *String*). Man kann damit einen String durchsuchen und ermitteln, an welcher Stelle der Teilstring darin zum ersten Mal vorkommt. Kommt der Teilstring nicht vor, liefert *Pos* den Wert 0.

Beispiel:

> Hat *Satz* den Wert 'Der Turbo Editor unterstützt den Benutzer optimal', dann liefert *Pos* ('Turbo', *Satz*) den Wert 5 und *Pos* ('D', *Satz*) den Wert 1.

Der Funktionswert ist vom Typ *Integer*.

Als Beispiele für Funktionen, an die einzelne Zeichen übergeben werden, seien *Ord* und *UpCase* genannt.

5.2.3.2.5 Ord

Der Aufruf *Ord (Zeichen)* liefert die Ordnungszahl des Zeichens (s. Abschnitt 3.1.3).

5.2.3.2.6 UpCase

Der Aufruf *UpCase (Buchstabe)* liefert zu einem Buchstaben den Großbuchstaben. Wenn es zum übergebenen Zeichen kein großgeschriebenes gibt, wird das Zeichen unverändert gelassen. Wie die Programmbeispiele schon gezeigt haben, wird diese Funktion z.B. eingesetzt, um Eingaben abzufangen, die klein geschrieben wurden.

Mit dem folgenden Programm *STRINGOP* können Sie die beschriebenen Stringoperatoren und -funktionen erproben. Wie sie sich bei der Erstellung eines Programms zur Textverarbeitung einsetzen lassen, wird in Kapitel 8 gezeigt.

```
Program Stringoperationen;
    (* Anwendung der Operatoren und Funktionen auf Strings *)
Const L = #205;
Var  Str.1, Str2, Satz : String(.60.);
     Name, Teil : String (.20.);
     Position, Laenge, Anzahl : Byte;
     Antwort : Char;
```

```
Begin Randomize;
Repeat        (* leitet Wiederholung ein *)
   ClrScr;
   (* der folgende Programmteil zeichnet mit Grafikzeichen einen
      Kasten mit einer Überschrift zum Programm *)
   Writeln ('':16,#201,L,L,L,L,L,L,L,L,L,L,L,L,L,L,L,L,L,L,L,L, L, #209,
            L,L,L,L,L,L,L,L,L,L,L,L,L,L,L,L,L,L,L,L, #188);
   Writeln ('':16,#186,'String − Operatoren',#179,
            und − Funktionen ',#186);
   Writeln ('': 16,#200, L,L,L,L,L,L,L,L,L,L,L,L,L,L,L,L,L,L,L, L, #207,
            L,L,L,L,L,L,L,L,L,L,L,L,L,L,L,L,L,L,L,L, #188);
   Writeln;
   Writeln ('Geben Sie zwei Zeichenketten (mit 5 bis 30 Zeichen) ein, mit');
   Writeln ('ihnen werden die Stringoperatoren und -funktionen erprobt.');
   Writeln;
   Write ('  String1: '); Read (Str1);
   Writeln ('Länge: ', Length (Str.1);' Zeichen.');
   Write ('  String2: '); Read (Str2);
   Writeln (' Länge: ', Length (Str2),' Zeichen.');
   Writeln;Writeln ('Verkettung:');
   Writeln ('           String1 + String2 = ', Str1 +Str2);
   Writeln (' Concat(String1,String2) = ', Concat (Str1,Str2));
   Writeln;Writeln ('Teilkette:');
   Position := Random (Length (Str1) − 5) + 1;
   Writeln (' Copy(String1,', Position,',5) = ', Copy (Str1,Position,5));
   Position := Random (Length (Str2)−4) + 1;
   Writeln (' Copy (String2,', Position,', 4) = ', Copy (Str2,Position,4));
   Writeln;Writeln ('Position:');
   Position := Random (Length (Str1) − 2) + 1;
   Laenge := Random (Length (Str1) −Position) +2;
   Teil:= Copy (Str1,Position,Laenge);
   Writeln (' Der Teil ', Teil,' beginnt in String1 an der Position ',
            Pos (Teil,Str1),'.');
   Position :=Random (Length (Str2)) +1;
   Teil :=Copy (Str2,Position, 1);
   Writeln (' Das Zeichen ', Teil,' steht in String 2 an der Position ',
            Pos 1(Teil,Str2),'.');
   Writeln;Writeln;
   Write (' Noch einmal ? sonst N oder n ');
   Read (Antwort); Antwort := Upcase (Antwort);
   Write ('           Upcase (Antwort) = ', Antwort); Delay (1000);
until Antwort ='N';   (* Ende der Wiederholung *)
End.        (* Stringoperationen *)
```

Die Position der Teilketten wird mit der Funktion *Random* ermittelt, sie wird im Abschnitt 6.5.1 beschrieben. Das ihr übergebene Argument ist von der Länge des String abhängig. Bei manchen Eingaben bricht die Bearbeitung mit einem Laufzeitfehler ab. Erkennen Sie den Grund?

5.3 Benutzerdefinierte Datentypen

Drei Standardtypen von *Turbo Pascal* kann der Benutzer durch weitere Datentypen ergänzen. Zum einen kann er mit den Typenkonstruktoren wie *Array* oder *Record*, die in Kapitel 7 besprochen werden, strukturierte Datentypen definieren. Er kann aber auch weitere einfache Datentypen einführen, indem er sie als Wertemengen angibt. Wie dies durch Auflisten oder durch die Abgrenzung einer Teilmenge aus einem schon definierten skalaren Typ geschehen kann, soll nun dargestellt werden.

5.3.1 Definition durch Auflisten

Im Deklarationsteil seines Programms kann der Benutzer einen neuen Typ definieren, indem er die Menge der Werte angibt, die Variablen dieses Typs zugewiesen werden dürfen. Einer Typdefinition muß das reservierte Wort *Type* vorangestellt werden.

Beispiele für Typdefinitionen durch Auflisten:

```
Type  Wochentag = (Mo, Di, Mi, Dn, Fr, Sa, So);
      Monat = (Jan, Feb, Mrz, Apr, Mai, Jun, Jul, Aug, Spt, Okt, Nov, Dez)
      Farbe = (rot, gelb, gruen)
```

Variablen des Typs *Wochentag* können die sieben aufgeführten Werte (in dieser Schreibweise) annehmen.

Durch Auflisten definierte Datentypen gehören zu den skalaren Datentypen. Die Anordnung ist durch die Reihenfolge beim Auflisten festgelegt, jedem Element wird eine Ordnungszahl zugeordnet, dem ersten die Ordnungszahl 0 usw. Man kann daher auf diese Datentypen die Vergleichsoperatoren (s. Abschnitt 5.4.1) anwenden. Für den Datentyp *Monat* gilt: Die Aussagen *Apr* > *Jan* und *Apr* < *Jul* sind wahr. Auch die Funktionen von Abschnitt 5.4.2 lassen sich auf Datentypen anwenden, die durch Auflisten definiert sind.

Wenn Sie durch Programme erproben wollen, wie man Typen durch Auflisten definiert und wie man mit ihren Werten umgeht, dann ergibt sich ein Problem: Man kann die Werte nicht mit *Read* eingeben oder durch *Write* ausgeben. Wie Sie diese Schwierigkeit umgehen können, wird im Programm *SKALAROP* gezeigt.

```pascal
Program Skalaroperationen;
    (* benutzerdefinierte skalare Typen, Eingabe-Ausgabe und
      zugehörige Operationen und Funktionen *)
Const Linie='-------------------------------------------';
Type Wochentag=(Mo,Di,Mi,Dn,Fr,Sa,So);          (* Auflisten *)
    String2=String(.2.);
Var  T1, T2:Wochentag;
    N1,N2:String2;              (* Name für Wochentage *)
    Antwort:Char;
    OK:Boolean;
Function   WT(TName:String2):Wochentag;
Begin If    TName='Mo'
        then WT:=Mo
          else if TName='Di'
            then WT:=Di
              else if TName ='Mi'
                then WT := Mi
                  else if TName ='Dn'
                    then WT := Dn
                      else if TName ='Fr'
                        then WT := Fr
                          else if TName ='Sa'
                            then WT := Sa
                              else if TName ='So'
                                then WT := So
                                  else Begin Write (' nicht zulässig !');
                                      Delay (500); OK := False; End
End;           (*  WT  *)
Function Name (Tag:Wochentag):String2;
Begin
    Case  Tag  of
        Mo:Name:='Mo';
        Di :Name :='Di' ;
        Mi :Name :='Mi';
        Dn:Name :='Dn';
        Fr :Name :='Fr' ;
        Sa :Name :='Sa' ;
        So :Name :='So';
    End;           (* Case *)
End;         (* Name *)

...
```

Die Funktion *WT* liefert zum Namen den Wochentag, die Funktion *Name*
umgekehrt den Namen zum Wert von *Tag*.

5.3.2 Definition durch Abgrenzen

Der Benutzer kann in *Turbo Pascal* einen neuen Datentyp dadurch definieren, daß er einen Teilbereich eines schon definierten skalaren Datentyps abgrenzt. Eine Variable des so definierten Typs kann nur Werte annehmen, die im abgegrenzten Teilbereich liegen. Beispiele für Typdefinitionen durch Abgrenzen:

> *Type Tage* = 1..31;
>   *Buchstabe* = 'A'..'Z';
>   *Werktag* = *Mo*..*Sa;*

Zur Definition der Teilmenge der Werte werden nur der niedrigste und der höchste Wert (im Sinne der Anordnung) genannt.

Ein Beispiel für die Definition eines neuen Typs als Teilmenge eines umfassenden Typs haben Sie schon im *Byte* kennengelernt. Gäbe es nicht *Byte* als Standardtyp, dann könnten Sie ihn so definieren:

> *Type Byte* = 0..255;

Das Beispiel *Byte* zeigt, daß der Teilbereichstyp alle Merkmale des umfassenden Typs beibehält. Insbesondere lassen sich alle Operatoren und Funktionen des umfassenden Typs auf den Teilbereichstyp anwenden.

Anmerkung: Sie sollten das Angebot von *Turbo Pascal,* eigene Datentypen definieren zu können, in Ihren Programmen nutzen. Zum einen wird die Lesbarkeit der Programme erhöht, zum zweiten sieht *Turbo Pascal* Kontrollen der Wertzuweisung für die benutzerdefinierten Typen vor (s. Abschnitt 9.4) und schließlich können Sie Speicherplatz sparen: Für Variablen eines neu definierten Typs wird nur 1 Byte benötigt, wenn die Anzahl der Werte nicht größer als 256 ist.

5.4 Weitere Operationen für skalare Datentypen

Für die Standardtypen sind die verfügbaren Operationen und Funktionen in Abschnitt 5.2 dargestellt worden. *Turbo Pascal* stellt weitere Operatoren und Funktionen bereit, die auf alle skalaren Datentypen anwendbar sind, also auch auf benutzerdefinierte Datentypen. Zum einen sind dies die Vergleichsoperatoren, zum anderen sind es Funktionen, die sich auf die Anordnung beziehen.

5.4.1 Vergleichsoperatoren

Auf alle skalaren Typen lassen sich die Vergleichsoperatoren $<$, $>$ und $=$ anwenden. Für den Vergleich von Zahlen sind Ihnen diese Operatoren und auch die durch Doppelzeichen geschriebenen Operatoren $<=$, $>=$ und $<>$ (ungleich) bekannt. Der Anwendung auf andere skalare Typen liegt zugrunde, daß diese mit Ordnungszahlen durchnumeriert sind. Ein Beispiel dafür ist die Anordnung der Werte vom Typ *Char* (s. Abschnitt 3.1.3): Die verfügbaren Zeichen werden binär codiert, und die Codierungen werden als Ordnungszahlen gedeutet. Anhand dieser Ordnungszahl können die Zeichen miteinander verglichen werden.

In der folgenden Tabelle der Vergleichoperatoren sind für die Beispiele verschiedene Datentypen (auch benutzerdefinierte von Abschnitt 5.3.1) gewählt worden. Die beiden Operanden müssen zum gleichen Typ gehören, und das Ergebnis der Verknüpfung ist stets vom Typ *Boolean*.

Operator	Beispiel	Sprachliche Formulierung	Ergebnis
=	'A' = 'a'	'A' ist gleich 'a'.	*False*
<	*So* < *Mo*	*So* kommt in der Reihenfolge vor *Mo*.	*False*
>	*Dez* > *Jul*	*Dez* kommt nach *Jul*.	*True*
<=	0 <= 0	0 ist kleiner als oder gleich 0.	*True*
>=	*True* >= *False*	*True* ist größer als oder gleich *False*.	*False*
<>	'Turbo' <> 'Turbo␣'	'Turbo' ist ungleich 'Turbo␣'.	*True*

Das letzte Beispiel zeigt, daß sich die Vergleichsoperatoren auch auf den Stringtyp anwenden lassen. Eine Stringkonstante ist kleiner als eine andere, wenn sie in der alphabetischen (lexikographischen) Reihenfolge vorangeht. Daß im letzten Beispiel der Wert *True* herauskommt, liegt daran, daß 'Turbo␣' ein Zeichen (das Leerzeichen) mehr hat als 'Turbo'.

5.4.2 Funktionen zur Anordnung

Die Anordnung der Elemente bei skalaren Typen bildet die Grundlage für Funktionen, mit denen man auf die Elemente und ihre Ordnungszahlen zugreifen kann. Einige sind schon erwähnt worden, etwa die Funktionen *Ord* und *Chr* bei den Zeichen (Abschnitt 3.1.3) und die Funktionen *Pred* und *Succ* bei den Ganzzahlen (Abschnitt 5.2.1.3). Diese Funktionen sind standardmäßig in Turbo Pascal verfügbar und lassen sich auf alle skalaren Typen anwenden. Einen Teil davon veranschaulicht das Programm *SKALAROP*.

5.2.4.1 Pred

Der Aufruf *Pred (Wert)* liefert den Vorgänger von *Wert* in der Anordnung (wenn ein Vorgänger vorhanden ist).

Beispiel:

> *Pred* ('A') liefert '§'.

5.4.2.2 Succ

Der Aufruf *Succ (Element)* liefert den Nachfolger von *Element* in der Anordnung (wenn ein Nachfolger vorhanden ist).

Beispiel:

> *Succ (Mai)* liefert *Jun.*

5.4.2.3 Ord

Der Aufruf *Ord (Z)* liefert die Ordnungszahl von *Z* innerhalb des Typs.

Beispiel:

> *Ord (Mo)* liefert 0.

Statt mit *Ord* kann man die Funktion auch mit *Integer* schreiben.

Beispiel:

> *Integer* ('0') liefert 48.

5.4.2.4 Chr

Der Aufruf *Chr (Zahl)* liefert das Zeichen, das zur Ordnungszahl *Zahl* gehört.

Beispiel:

> *Chr* (90) liefert 'Z'.

Diese Funktion ist auf die verfügbaren Zeichen, d. h. auf den Typ *Char*, beschränkt. Für andere skalare Typen läßt sich der Übergang von der Ordnungszahl zum Wert eine andere Funktionsbezeichnung einsetzen, nämlich der Typname selbst. So liefern *Monat* (4) den Wert *Mai* und *Wochentag* (6) den Wert *So.*

5.4.3 Weitere Operatoren für den Typ *Integer*

Abschließend wird eine Besonderheit von *Turbo Pascal* beschrieben: Der Benutzer kann mit einigen Operatoren auf das Bitmuster von codierten Ganzzahlen zugreifen. Sie können diesen Abschnitt überschlagen, wenn Sie sich nicht mit Details der Codierung und der Speicherung von Zahlen befassen wollen.

Die folgenden Funktionen beziehen sich auf die Codierung von *Integer*-
zahlen in zwei Byte, dem High-Byte und dem Low-Byte:

	High-Byte	Low-Byte
+ 32767	01111111	11111111
+ 255	00000000	11111111
+ 12	00000000	00001100
+ 1	00000000	00000001
− 1	11111111	11111111
− 12	11111111	11110100
− 32768	10000000	00000000

Die Beispiele für die Codierung von *Integer*zahlen zeigen: Das erste Bit vom
High-Byte ist das Vorzeichenbit; negative Zahlen werden im Zweierkom-
plement dargestellt.

Auf die Bitmuster der codierten Zahlen greifen die *Shift*-Operatoren, die
logischen Operatoren und die Funktionen *Hi* und *Lo* zu.

5.4.3.1 Shift-Operatoren shl und shr

Mit *Zahl shl n* werden alle Belegungen mit 1 und 0 der codierten Zahl um *n*
Bit nach links verschoben. Von rechts her wird jeweils eine 0 nachgeschoben.
Beispiele:

        12 *shl* 2 ergibt   48.
     32767 *shl* 6 ergibt − 64.

Die Operation entspricht einer *n*-fachen Multiplikation mit 2, wobei das Vor-
zeichen-Bit zu beachten ist.

Mit *Zahl shr n* werden alle Bits der Zahl um *n* Stellen nach rechts verschoben,
während von links eine 0 nachfolgt.
Beispiele:

        12 *shr* 2 ergibt   3.
     32767 *shr* 6 ergibt 511.

Die Operation entspricht der *n*-fachen Ganzzahldivision der Zahl durch 2.

5.4.3.2 Logische Operatoren not, and, or und xor

Die logischen Operatoren können auf die Bitbelegungen angewendet werden,
wenn man 0 als True und 1 als False interpretiert. Der Operator *not* kehrt
bei einer Zahl alle 16 Belegungen um, d. h. aus 0 wird 1 und umgekehrt.
Beispiele:

     not 0 ergibt − 1.
     not 12 ergibt − 13.

Allgemein wird das Vorzeichen der Zahl umgekehrt, der Betrag ergibt sich wie bei der Bildung des Zweierkomplements.

Die zweistelligen logischen Operatoren verknüpfen die entsprechenden Bits der beiden Zahlen nach der Definition in Abschnitt 5.2.2.1.

Beispiele:

    12 *and* 8 = 8   12 *or* 8 = 12   12 *xor* 8 = 4
    12 *and* 22 = 4   12 *or* 22 = 30   12 *xor* 22 = 26

5.4.3.3 *Funktionen Hi, Lo und Swap*

Der Aufruf *Hi (Zahl)* liefert die Zahl, die der Belegung des High-Byte entspricht.

Der Aufruf *Lo (Zahl)* liefert die Zahl, die der Belegung des Low-Byte entspricht.

Es ergibt sich als Funktionswert stets eine Zahl im Bereich 0..255.

Beispiele:

    Hi (384) liefert   1.   *Lo* (384) liefert 128.
    Hi (−12) liefert 255.   *Lo* (−12) liefert 244.
    Hi (− 1) liefert 255.   *Lo* (− 1) liefert 255.

Der Aufruf *Swap (Zahl)* liefert die Zahl, die sich durch Vertauschen von High-Byte und Low-Byte in der codierten Zahl ergibt.

Beispiele:

    Swap (0) liefert 0.
    Swap (1) liefert 256.
    Swap (12) liefert 3072.

Mit dem Programm *INTCODE* lassen sich einige der Zugriffe auf *Integer*werte veranschaulichen. In diesem Programm sind Funktionen enthalten, mit denen *Integer*werte von dezimaler in duale Darstellung umgeformt werden und umgekehrt. Mit selbsterstellten Funktionen werden die Standardfunktionen *Hi, Lo* und *Swap* simuliert und veranschaulicht.

6 Steuerung des Programmablaufs

Der Anweisungsteil eines Programms enthält eine Folge von Anweisungen, die jeweils durch Semikolon ; voneinander getrennt sind. Im Abschnitt 4.4 sind in *Turbo Pascal* verfügbare einfache Anweisungen betrachtet worden. Nun ist zu zeigen, wie man daraus strukturierte Anweisungen bilden kann, mit denen sich der Ablauf der Programmbearbeitung in Abhängigkeit von Bedingungen steuern läßt.

6.1 Verbundanweisung

Man kann mehrere Anweisungen durch die reservierten Wörter *Begin* und *End* zu einer Verbundanweisung zusammenfassen. Das muß immer dann geschehen, wenn an einer Stelle des Programms nach den syntaktischen Regeln nur eine Anweisung erlaubt ist, aber mehrere Anweisungen auszuführen sind.

Als Beispiel für eine Verbundanweisung ist der Anweisungteil eines Programms anzusehen. Er wird durch das Einschließen mit *Begin* und *End* zu einer einzigen Anweisung. Ein weiteres Beispiel ist der folgende Dreieckstausch, der die Werte zweier Variablen A und B vertauscht, wenn $A > B$ ist:

If $A > B$ then
  Begin $H := A$; $A := B$; $B := H$ End;

Würden die drei Wertzuweisungen nicht mit *Begin* und *End* eingeschlossen, dann würden $A := B$ und $B := H$ in jedem Fall ausgeführt und nicht (wie beabsichtigt) nur dann, wenn $A > B$ wahr ist.

Bei einer *Case*-Anweisung (s. Abschnitt 6.2.3) ist in jedem Zweig nur eine Anweisung zulässig. Sollen mehrere ausgeführt werden, muß man sie zu einer Verbundanweisung zusammenfassen:

Case Wahl of
  '0': Begin GotoXY (3,24); Writeln ('Bis zum nächsten Mal!') End;
  '1': Addition;
  '2': Subtraktion;
  '3': Multiplikation;
  '4': Division;
End;   (* Case *)

Weitere zahlreiche Beispiele finden Sie in den Programmen zum Buch. Für die Bearbeitung einer Verbundanweisung gilt: Die mit *Begin* und *End* eingeschlossenen Anweisungen werden der Reihe nach ausgeführt.

6.2 Verzweigungsanweisungen

Der Ablauf der Bearbeitung kann durch Bedingungen gesteuert werden. Der obige Dreieckstausch ist ein Beispiel: Die Werte von A und B werden nur dann ausgetauscht, wenn die Bedingung $A > B$ wahr ist. Auch bei Sprunganweisungen mit *Goto* (s. Abschnitt 4.4.3) entscheidet meist der Wahrheitswert einer Aussage darüber, ob der Sprung zum Label ausgeführt wird oder nicht.

6.2.1 Bedingte Anweisung (*If ... then ...*)

Oft soll eine Anweisung nur dann ausgeführt werden, wenn eine Bedingung erfüllt ist. Dies steuert man durch die reservierten Wörter *If* und *then:*

> *If* Bedingung
>   *then* Anweisung;

Als Bedingung ist ein Boolescher Term einzusetzen, im Sonderfall eine Aussage wie $A > B$ oder *Antwort* = 'J'. Wenn der Term den Wert *True* hat, dann wird die Anweisung ausgeführt, sonst nicht. Sollen mehrere Anweisungen in Abhängigkeit von der Bedingung ausgeführt werden, muß man sie mit *Begin* und *End* zu einer Verbundanweisung zusammenfassen (s. Abschnitt 6.1).

6.2.2 Alternative (*If ... then ... else ...*)

Der Wahrheitswert einer Bedingung kann auch darüber entscheiden, welche von zwei alternativen Anweisungen ausgeführt wird. Dann steuert man den Ablauf mit den reservierten Wörtern *If, then* und *else:*

> *If* Bedingung
>   *then* Anweisung1
>   *else* Anweisung2;

Als Bedingung wird ein Boolescher Term eingesetzt, der genau einen der beiden Wahrheitswerte *True* und *False* annimmt. Daher wird genau eine der beiden Anweisungen ausgeführt.

Zur Schreibweise: Da es sich bei der Alternative um eine einzige Anweisung handelt, darf vor *else* kein Semikolon gesetzt werden.

Beispiele für Alternativen:

If Alter $>=$ 18
   then Write ('Wahlberechtigt')
   else Write ('Noch nicht mündig');
If (Zeile (.1.) $<>$ '#') *and (Length (Zeile)* $<$ 80)
   then Abspeichern
   else Menu;

Man kann Alternativen ineinanderschachteln:

If Bedingung1
   then If Bedingung2
       then Anweisung21
       else If Bedingung3
          then Anweisung 31
          else Anweisung32
   else Anweisung12;

Die Zusammengehörigkeit von *Then-* und *Else*-Zweig läßt sich wie im Beispiel durch Einrücken kenntlich machen. Eindeutigkeit der Zuordnung schafft die folgende Regel: Eine *Else*-Anweisung gehört grundsätzlich zum letzten *If,* das keinen *Else*-Zweig hat.

Die Alternative ist eine Erweiterung der bedingten Anweisung. Diese läßt sich als Alternative auffassen, deren *Else*-Zweig eine leere Anweisung enthält.

6.2.3 Fallunterscheidung (*Case ... of ...*)

In einem Programm kann es erforderlich sein, mehr als zwei verschiedene Wege der Bearbeitung vorzusehen. Dann setzt man eine Fallunterscheidung (auch Mehrfachauswahl genannt) ein. Diese schreibt man mit den reservierten Wörtern *Case* und *of* in folgender Form:

Case Selektor *of*
   Wert1:Anweisung1;
   Wert2:Anweisung2;
   Wert3:Anweisung3;

   ...

   Wertx:Anweisungx;
   else Anweisungen
End;

Der Selektor ist ein Term von einfachem skalaren Typ. Das kann ein Standardtyp sein wie *Integer, Byte, Boolean* oder *Char*, nicht aber *Real*. Der Selektor kann auch von einem benutzerdefinierten skalaren Typ wie *Wochentag* sein.

Beim Eintritt in die *Case*-Anweisung wird der aktuelle Wert des Selektors ermittelt und dann der entsprechende Zweig durchlaufen. Ist kein Zweig für den Wert angegeben, dann wird der *Else*-Zweig durchlaufen, wenn ein solcher vorhanden ist. Fehlt ein *Else*-Zweig, dann wird nichts ausgeführt.

Eine Fallunterscheidung ist eine Verbundanweisung, die mit *Case* begonnen und mit *End* abgeschlossen wird. Hier kommt also ein *End* vor, das nicht mit *Begin* eingeleitet wurde.

Vor einen Zweig der Mehrfachauswahl kann man (durch Kommata getrennt) mehrere Werte des Selektors schreiben. Man kann auch (durch zwei Punkte getrennt) Anfangs- und Endwert eines Teilbereichs angeben.

Beispiele für Fallunterscheidungen:

```
Case Note of
    1: Write ('Sehr gut');
    2: Write ('Gut');
    3: Write ('Befriedigend');
    4: Write ('Ausreichend');
    5: Write ('Mangelhaft');
    6: Write ('Ungenügend');
End;    (* Case *)

Case Punkte of
    1,2,3: Note := 5;
    4,5,6: Note := 4;
    7,8,9: Note := 3;
    10,11,12: Note := 2;
    13,14,15: Note := 1;
    else If Punkte = 0
            then Note := 6
            else Writeln ('Arbeit nicht gewertet')
End;   (* Case *)
```

Der Einsatz einer Fallunterscheidung bietet sich an, wenn der Anwender eines Programms eine Auswahl nach einem Angebot (Menü) treffen kann.

Das zeigt das folgende Beispiel aus einem Textverarbeitungsprogramm, in dem je nach eingegebenem Kennbuchstaben die Prozedur aufgerufen wird, die den gewünschten Vorgang ausführt:

```
Case UpCase (Wahl) of
   'A':Aendern;
   'I' :Einsetzen;
   'D':Drucken;
   'S':Speichern;
   else  Writeln ('Falscher Kennbuchstabe!');
         Writeln ('Wiederholen Sie bitte die Auswahl.')
End;
```

Das Beispiel zeigt: Die im *Else*-Zweig einer *Case*-Anweisung stehenden Anweisungen brauchen nicht mit *Begin* und *End* zu einer Verbundanweisung zusammengefaßt zu werden.

6.3 Wiederholungsanweisungen

Turbo Pascal bietet drei Möglichkeiten an, einen Programmteil mehrfach bearbeiten zu lassen: die Zählschleife, die Wiederholung bis zu einer Abschlußbedingung (*Repeat*-Anweisung) und die Wiederholung in Abhängigkeit von einer Eingangsbedingung (*While-do*-Anweisung). Die beiden ersten sind schon in einigen Programmen vorgekommen, wenn Anweisungen mehrfach auszuführen waren. Jetzt soll die Steuerung der Wiederholung in *Turbo Pascal* genauer betrachtet werden.

6.3.1 Zählschleife (*For ... to ... do ...*)

Soll eine Anweisung n-mal ausgeführt werden, setzt man eine Zählschleife ein. Man gibt die Anzahl n der Ausführungen nicht direkt vor, sondern indirekt durch Anfangs- und Endwert einer Zählvariablen. Ihr aktueller Wert wird bei jeder Ausführung um 1 erhöht (oder bei *downto* erniedrigt), bis die gewünschte Anzahl der Ausführungen erreicht ist. Die Zählvariable muß von einfachem skalaren Typ (*Byte, Integer, Char*) sein, auch benutzerdefinierte skalare Typen (wie *Wochentag*) lassen sich verwenden.
Die allgemeine Form einer Zählschleife ist:

```
For Zaehler :=Anfangswert to Endwert
   do Anweisung;
```

Beispiele für Zählschleifen:

```
For Zahl := 1 to 15
   do Writeln (Zahl : 5, Zahl*Zahl : 7);
For Klasse := 'A' to 'D'
   do Write ('Klasse: ', Klasse, '    Preis: ',
             Preis (.Klasse.),' DM');
For Tag := Mo to Sa do
   Begin Zahl := Ord (Tag);
         Case Zahl of
           0 : MoPlan;
           1 : DiPlan;
           2 : MiPlan;
           3 : DnPlan;
           4 : FrPlan;
           5 : SaPlan;
         End   (* Case *)
   End   (* For *);
For Z := 'Z'  downto  'M'  do
   If Name (.1.) = Z
      then Drucke (Name);
```

Die Beispiele zeigen erneut, warum man Textkontanten mit Hochkommata einschließt. Dadurch untetscheidet man sie von gleichlautenden Variablennamen.

Innerhalb einer Zählschleife ist keine Wertzuweisung an die Zählvariable zulässig, etwa wenn man die Anzahl der Durchläufe erhöhen oder wenn man abbrechen will. Ein vorzeitiger Abbruch läßt sich nur mit einer *Goto*-Anweisung erreichen. Wenn zu erwarten ist, daß nicht die volle Anzahl der Durchläufe erforderlich oder sinnvoll ist, sollte man statt einer Zählschleife besser eine der beiden anderen Wiederholungsanweisungen vorsehen.

Die Zählschleife eignet sich besonders für die Bearbeitung aller Komponenten einer Folge (eines Array). Darauf wird im Abschnitt 7.1 genauer eingegangen.

6.3.2 Wiederholung mit Abbruchbedingung (*Repeat ... until ...*)

In manchen Problemlösungen soll eine Folge von Anweisungen wiederholt werden, bis eine Abbruchbedingung erfüllt ist, d. h. den Wert *True* erhält. Das läßt sich mit den reservierten Wörtern *Repeat* und *until* steuern, sie fassen (wie *Begin* und *End*) mehrere Anweisungen zu einer Verbundanweisung zusammen:

```
Repeat Anweisungen
until Abbruchbedingung;
```

Man überlegt leicht, daß eine *Repeat*-Anweisung nur sinnvoll ist, wenn sich der Wahrheitswert der Abbruchbedingungen während der Bearbeitung verändern kann. Ist das nicht der Fall, dann werden die Anweisungen nur einmal ausgeführt (die Abbruchbedingung hat den Wert *True*), und dann hätte man *Repeat* sparen können. Oder (Wert *False*) die Anweisungen werden immer erneut und ohne Ende ausgeführt (Endlosschleife).

Die bisherigen Programmbeispiele zeigen, daß man *Repeat*-Anweisungen insbesondere bei Eingabekontrollen einsetzt:

```
Repeat
    Anweisungen;
    Repeat
        Write ('Noch einmal? (J,N) ');
        Read (Kbd,Antwort); Antwort := Upcase (Antwort)
    until (Antwort='J') or (Antwort='N');
until Antwort='N';
```

In diesem Programmausschnitt ist eine *Repeat*-Anweisung in eine andere eingeschachtelt.

6.3.3 Wiederholung mit Eingangsbedingung (*While ... do ...*)

Bei einer *Repeat*-Anweisung wird die Anweisungsfolge mindestens einmal ausgeführt, da die Prüfung der Bedingung erst nach der Bearbeitung erfolgt. Soll eine Anweisung nur bearbeitet und so lange wiederholt werden, wie eine Bedingung erfüllt ist, wählt man die *While*-Anweisung:

```
While Eingangsbedingung do
        Anweisung;
```

Beispiel aus der Textbearbeitung für eine Wiederholung mit Eingangsbedingung:

```
Readln (Zeile);
While Zeile (.1.) <> '#' do
        Begin Speichere (Zeile); Readln (Zeile) End;
```

Die eingegebene Zeile soll nur abgespeichert werden, solange nicht ihr erstes Zeichen das vereinbarte Schlußzeichen # ist.

Die *While*-Anweisung wird zur Unterscheidung von der *Repeat*-Anweisung als abweisende Schleife bezeichnet. Es kann nämlich vorkommen, daß die darin enthaltenen Anweisungen überhaupt nicht ausgeführt werden. Wenn etwa das Schlußzeichen # gleich beim ersten Mal eingegeben wird, dann wird die Prozedur zum Abspeichern kein einziges Mal aufgerufen.

6.4 Prozeduren

Wird eine Folge von Anweisungen mehrfach im Programm benötigt, kann man sie in einer Prozedur zusammenfassen. Die Bearbeitung der Anweisungsfolge läßt sich dann an jeder Stelle des Programms auslösen, indem man die Prozedur mit ihrem Namen aufruft. Eine Prozedur ist ein Teilprogramm, das wie ein Baustein in andere Programme eingebaut werden kann. *Turbo Pascal* stellt eine Reihe von Standardprozeduren bereit, der Benutzer kann sie aufrufen, ohne sie selbst definieren zu müssen. Weitere Prozeduren zur Bearbeitung von Teilaufgaben kann der Benutzer im Deklarationsteil des Programms selbst definieren. Wie er dabei vorzugehen hat, soll nun beschrieben werden.

6.4.1 Standardprozeduren

In den bisherigen Programmen sind ständig Standardprozeduren verwendet worden, etwa *ClrScr* zum Löschen des Bildschirms, *GotoXY* zur Positionierung des Cursors und vor allem *Read* und *Write* für die Eingabe und die Ausgabe von Daten. Einige davon wurden schon im Abschnitt 4.4.2 beschrieben, weitere bei der Besprechung der Datentypen.

Die Standardprozeduren werden dort eingeführt und erläutert, wo sie hingehören. So folgt eine genauere Betrachtung der Ein- und Ausgabeprozeduren im Abschnitt 8.4 im Rahmen der Untersuchung von Textfiles. Die Standardprozeduren für die Bearbeitung von Strings werden im Abschnitt 8.2 ausführlich dargestellt. Welche Standardprozeduren *Turbo Pascal* für die *File*-Handhabung bereitstellt, wird im Abschnitt 7.4 gezeigt.

6.4.2 Benutzerdefinierte Prozeduren

Eigene Prozeduren können im Deklarationsteil eines Programms definiert werden. Für die Schreibweise von Prozeduren gelten die gleichen Regeln wie für das Schreiben von Programmen (s. Kapitel 4). Die Kopfzeile beginnt mit dem reservierten Wort *Procedure.* Ihm folgt der Prozedurname, an den sich (in runden Klammern) Parameter (mit Name und Typ) anschließen können.

Mit der folgenden Prozedur *G* kann man an beliebiger Stelle des Programms ein akustisches Signal geben, mit der Prozedur *Weiter* kann man eine Unterbrechung vorsehen:

```
Procedure G;                        (* Glocke *)
   Begin Write (#7) End;
```

```
Procedure Weiter;                          (* Unterbrechen *)
    Begin GotoXY (59,24); Write ('Weiter mit <ENTER>');
    G; Read; GotoXY (59,24); Write ('                    '); End;
```

Ein weiteres Beispiel für eine Prozedur ohne Parameter ist die Prozedur *Kopf*, mit der sich eine Überschrift in einem einfach umrandeten Kasten auf den Bildschirm schreiben läßt:

```
Procedure Kopf;
Var I: Byte;
Begin ClrScr;
    Write (#218); For I := 1 to 38 do Write (#196); Write (#194);
    For I := 1 to 38 do Write (#196); Writeln (#191);
    Writeln (#179; ' ': 38, #179, ' ': 38, #179);
    Write (#192); For I := 1 to 38 do Write (#196); Write (#193);
    For I := 1 to 38 do Write (#196); Writeln (#217);
    GotoXY (15,2); Write ('Turbo Pascal');
    GotoXY (55,2); Write ('unter MS-DOS');
    GotoXY (1,5);
End;        (* Kopf *)
```

In dieser Prozedur werden mit dem vorangesetzten Doppelkreuz # die Grafikzeichen aufgerufen, aus denen der Kasten gezeichnet wird. Sie finden eine Übersicht über diese Zeichen im Anhang C.

In der Prozedur *Kopf* kommt viermal die gleiche *For-to*-Schleife vor, das legt den Gedanken nahe, dafür eine gesonderte Prozedur zu schreiben. Diese kann im Deklarationsteil der Prozedur *Kopf* definiert werden, sie ist dann aber nur innerhalb dieser Prozedur (lokal) aufzurufen. Die Verwendung der Prozedur *Linie* macht die Prozedur *Kopf* übersichtlicher und leichter lesbar:

```
Procedure Kopf;
    Procedure Linie;
    Var I: Byte;
    Begin For I := 1 to 38 do Write (#196) End;
Begin ClrScr;
    Write (#218); Linie; Write (#194); Linie; Writeln (#191);
    Writeln (#179, ' ': 38, #179, ' ': 38, #179);
    Write (#192); Linie; Write (#193); Linie; Writeln (#217);
    GotoXY (15,2); Write ('Turbo Pascal');
    GotoXY (55,2); Write ('unter MS-DOS');
    GotoXY (1,5);
End;        (* Kopf *)
```

Die größeren Programme auf der Diskette zum Buch sind mit einer Prozedur *Kopf* ausgestattet, die einen doppelt umrahmten Kasten für die Überschrift zeichnet. Diese Prozedur ist im Unterverzeichnis *PROZEDUR* unter dem Namen *KOPF2* abgespeichert. Sie können diese Prozedur mit <Ctrl> <R> in eigene Programme hineinladen. Auf die Frage nach dem File geben Sie den gesamten Namen (Unterverzeichnis- und Filenamen) an:

```
Read from File: \ Prozedur \ Kopf2
```

Mit einer Prozedur *Kopf* lassen sich auch verschiedene Überschriften ausgeben, wenn man für den Text einen Parameter in der Kopfzeile angibt.

Eine Prozedur hat wie ein Programm einen Deklarationsteil, in dem Typen, Labels, Konstanten, Variablen deklariert werden können, aber auch neue Prozeduren und Funktionen. Die in einer Prozedur deklarierten Objekte sind nur innerhalb der Prozedur verfügbar, man spricht von lokaler Gültigkeit. So ist die Variable *I* in der Prozedur *Linie* eine lokale Variable, man kann nur innerhalb der Prozedur darauf zugreifen, nicht von der aufrufenden Prozedur *Kopf* oder vom Gesamtprogramm her.

Auf Objekte, die im aufrufenden Programm deklariert sind, kann man auch von der Prozedur her zugreifen, sie gelten global. Das gilt z. B. für die Standardprozeduren. So kann die Prozedur *Kopf* die Standardprozedur *GotoXY* einsetzen. Wenn die Prozedur *G* global deklariert ist, dann kann man sie auch in der Prozedur *Kopf,* in einer darin lokal deklarierten Prozedur und natürlich im Hauptprogramm verwenden.

Für die Verwendung globaler Objekte innerhalb einer Prozedur gibt es eine Ausnahme: Kommt in der Prozedur ein Objekt gleichen Namens vor, dann ist innerhalb der Prozedur nur das lokale und nicht das globale Objekt bekannt.

Zusammenfassend läßt sich sagen: In einer Prozedur können lokale und globale Prozeduren aufgerufen werden. Eine Prozedur kann sich sogar selbst aufrufen, man spricht von einem rekursiven Aufruf. Beim rekursiven Aufruf werden alle Objekte, die innerhalb der Prozedur deklariert sind, lokal neu bereitgestellt. Auf die gleichnamigen Objekte in der Aufrufebene kann man von der aufgerufenen Prozedur her nicht zugreifen. Dies gilt insbesondere für Parameter der Prozedur.

6.4.3 Parameterübergabe

An Prozeduren und Funktionen können beim Aufruf Werte oder Variablen übergeben werden. Die in der Prozedur dafür bereitgestellten Variablen werden Parameter genannt, sie sind im Prozedurkopf mit Namen und Typ anzugeben. Dabei sind strukturierte Typen (s. Kapitel 7) nicht zulässig, doch diese Einschränkung läßt sich durch die Definition neuer (einfacher) Typen umgehen. So wird man den strukturierten Typ *String* (.80.) vorher als Typ *String*80 definieren, wenn man ihn für einen Parameter braucht.

Beispiele für Prozeduren mit Parametern sind die folgenden Hilfsprozeduren *T* und *Zk*, die man in vielen Programmen verwenden kann:

> *Type String80=String(.80.);*
> *Procedure T (Zeile,Spalte : Byte;Txt : String80);* (* schreibt Text auf *)
> *Begin GotoXY(Spalte,Zeile);Write(Txt) End;* (* Position Zeile, Spalte *)

Mit der Prozedur *T* läßt sich, wie die Programmbeispiele auf der Diskette zeigen, die positionierte Textausgabe vereinfacht schreiben. Wenn man sie mit *T*(2,15,'Turbo Pascal') aufruft, dann wird in der 2. Zeile — beginnend auf Platz 15 — der übergebene Text geschrieben.

> *Procedure Zk (Zeile, Spalte, N : Byte;Zeichen: Char);*
> (* schreibt Zeichenreihe beginnend bei Position Zeile, Spalte *)
> *Var I : Byte;*
> *Begin GotoXY(Spalte,Zeile);For I := 1 to N do Write (Zeichen) End;*

Ruft man die Prozedur *Zk* mit *Zk* (10,1,40,'—') auf, wird eine gestrichelte Linie (Länge 40) am Anfang der 10. Zeile geschrieben.

Wie sich solche Prozeduren zur Vereinfachung einsetzen lassen, können Sie an den Beispielprogrammen auf der Diskette erkennen.

Ein Hinweis zu den Parametern: Innerhalb der Prozedur lassen sich die in der Kopfzeile deklarierten Parameter wie andere lokale Variablen einsetzen. Insbesondere dürfen sich ihre Werte bei der Bearbeitung der Prozeduranweisungen verändern. Bei Werteparametern wird eine solche Veränderung nicht an das aufrufende Programm zurückgegeben. Will man den neuen Wert ins aufrufende Programm zurückgeben, dann muß man Variablenparameter einsetzen.

6.4.3.1 Werteparameter

Wird die Prozedur *Zk* mit *Zk* (20,1,40,'—') aufgerufen, dann erhalten die in der Kopfzeile aufgeführten Parameter *Zeile, Spalte, N* und *Zeichen* die beim Aufruf genannten Werte. Die Werte von *Zeile* und *Spalte* werden an die Prozedur *GotoXY* weitergegeben und positionieren den Cursor an den Anfang der Zeile 20. Der Wert '—' wird 40mal geschrieben.

Man kann die Prozedur auch mit *Zk* (*Y*, 1, *N*, *Buchstabe*) aufrufen, dann werden die aktuellen Werte der Variablen *Y*, *N* und *Buchstabe* ermittelt und an die Parameter *Zeile*, *N* und *Zeichen* übergeben. Man nennt *Y*, *N* und *Buchstabe* auch aktuelle Parameter, um sie von den im Prozedurkopf aufgeführten (formalen) Parametern zu unterscheiden.

Die beim Aufruf genannten aktuellen Parameter müssen mit den entsprechenden formalen im Typ übereinstimmen.

6.4.3.2 Variablenparameter

Hat sich bei der Prozedurbearbeitung der Wert eines formalen Parameters geändert, so hat dies bei den bisherigen Beispielen keine Auswirkung auf den aktuellen Parameter. Wenn sich innerhalb der Prozedur *Zk* der Wert von *Zeichen* verändern würde, dann änderte sich nicht der Wert von *Buchstabe* im aufrufenden Programm. Die bisher betrachteten Beispiele enthalten Werteparameter, d. h. es wird ein Wert übergeben und seine Veränderung hat keine Auswirkung auf den aktuellen Parameter im aufrufenden Programm.

Soll die Veränderung eines Wertes innerhalb der Prozedur an das aufrufende Programm zurückgegeben werden, muß man statt eines Werteparameters einen Variablenparameter deklarieren. Das geschieht durch Voranstellen des reservierten Wortes *Var* in der Kopfzeile der Prozedur.

Als Beispiel soll eine Prozedur für den Dreieckstausch (s. Abschnitt 6.1) geschrieben werden:

```
Type Name=String (.20.);
Procedure Tausch (Var A, B:Name);
Var H:Name;  (* Hilfsspeicher *)
Begin If A > B
       then Begin H := A; A :=B; B :=H End;
End  (* Tausch *);
```

Beim Aufruf der Prozedur *Tausch* können keine Werte, es müssen Variablen übergeben werden. Wird sie mit *Tausch (Name1,Name2)* aufgrufen, dann wird *Name1* an *A* und *Name2* an *B* übergeben. Wenn der Wert von *A* lexikographisch nach dem von *B* kommt, dann werden die beiden Werte vertauscht, d. h. *A* erhält den Wert von *B* und *B* den von *A*. Nach der Bearbeitung der Prozedur erhält dann *Name1* den neuen Wert von *A* und entsprechend *Name2* den neuen Wert von *B*. Die Werte von *Name1* und *Name2* sind also durch den Prozeduraufruf vertauscht worden. Stünde im Prozedurkopf nicht *Var* vor den formalen Parametern, dann hätten die aktuellen Parameter nachher die bisherigen Werte, auch wenn die Werte von *A* und *B* bei der Bearbeitung der Prozedur vertauscht wurden.

Hinweise zu Variablenparametern:

1. Für eine Prozedur können zugleich Variablen- und Werteparameter angegeben werden.

   Beispiel: *Procedure Tausch1 (Var A,B:Name;Index:Byte);*

2. Filevariablen (s. Abschnitt 7.5) dürfen nur als Variablenparameter eingesetzt werden.

3. Sollen umfangreiche Datenmengen wie z. B. alle Komponenten einer Folge an eine Prozedur übergeben werden, spart man Speicherplatz, wenn man Variablen- statt Werteparameter verwendet. Dann wird nämlich nur die Adresse des aktuellen Parameters übergeben, während beim Werteparameter eine Kopie der ganzen Folge gebraucht würde.

4. Im Normalfall müssen formale und aktuelle Parameter genau übereinstimmen. Werden Variablenparameter vom Typ *String* verwendet, dann läuft die Prozedur nur, wenn der übergebene String genau die vereinbarte Länge hat. Diese Einschränkung läßt sich durch die Compilerdirektive V aufheben. Ist die Direktive aktiv (*V+*), wird eine genaue Typenkontrolle ausgeführt. Wenn Sie die Einstellung vor dem Prozeduraufruf auf (*V−*) ändern (s. Abschnitt 9.4), wird die Kontrolle gelockert.

5. Es gibt in *Turbo Pascal* die Möglichkeit, Variablenparameter ohne Typangabe einzusetzen. Einem untypisierten Parameter kann ein aktueller Parameter von beliebigem Typ übergeben werden. Er ist aber in der Bearbeitung der Prozedur nicht kompatibel mit anderen Typen und kann nur verwendet werden, wenn der Typ keine Rolle spielt.

6.5 Funktionen

Funktionen sind wie Prozeduren in sich abgeschlossene Teilprogramme. Sie unterscheiden sich von Prozeduren darin, daß bei ihrem Aufruf ein Wert berechnet und an die Stelle des aufrufenden Namens gesetzt wird.

6.5.1 Standardfunktionen

Eine Reihe von vordefinierten Funktionen von *Turbo Pascal* haben Sie schon kennengelernt: Mathematische Funktionen in Abschnitt 5.2.1.3, Boolesche Funktionen in Abschnitt 5.2.2.3, Stringfunktionen in Abschnitt 5.2.3.2 und Funktionen zur Anordnung in Abschnitt 5.4.2. Einige besondere Funktionen für *Integer*werte sind im Abschnitt 5.4.3.3 untersucht und veranschaulicht worden.

Zur Ergänzung sollen nun die Standardfunktionen *Keypressed* und *Random* beschrieben werden:

6.5.1.1 Keypressed

Der Aufruf der Booleschen Funktion *Keypressed* erfolgt ohne Parameter und liefert den Wert *True*, wenn eine (beliebige) Taste gedrückt wurde, sonst den Wert *False*. Man kann die Funktion einsetzen, um Warteschleifen mit dem Drücken einer beliebigen Taste abzubrechen:

> *While not Keypressed do;*
> *Repeat until Keypressed;*

6.5.1.2 Random

Der Aufruf von *Random* kann ohne Parameter oder mit einer ganzen Zahl als Parameterwert erfolgen. Ruft man ohne Parameter auf, dann liefert *Random* eine (Pseudo-)Zufallszahl vom Typ *Real* zwischen 0 (inklusive) und 1 (exklusive).

Der Aufruf *Random (Zahl)* liefert nach Zufall eine ganze Zahl zwischen 0 (inkl.) und *Zahl* (exkl.). Will man z. B. das Werfen eines Spielwürfels simulieren, dann ruft man die Funktion *Random* so auf:

> *Augenzahl := Random (6) + 1;*

und erhält nach Zufall Augenzahlen von 1 bis 6.

In einigen Beispielprogrammen auf der Diskette wurde die Funktion *Random* verwendet, wenn es darum ging, aus einer Menge von Werten nach Zufall einen Anfangswert zu ermitteln.

Damit von *Random* nach dem Starten eines Programms nicht stets der gleiche Erstwert geliefert wird, sollte man vor dem ersten Aufruf die Prozedur *Randomize* aufrufen.

Weitere Standardfunktionen werden bei der Behandlung der Textverarbeitung (s. Kapitel 8) und der Dateiverwaltung (s. Abschnitt 7.4) eingeführt.

6.5.2 Definition von Funktionen

Der Programm-Ersteller kann im Deklarationsteil eines Programms (oder einer Prozedur oder einer Funktion) eigene Funktionen definieren. Dabei sind die folgenden Regeln zu beachten: In einem Funktionskopf wird nach dem reservierten Wort *Function* ein Funktionsname angegeben, ihm folgen (in runden Klammern) formale Parameter mit Namen und Typen. Die Kopfzeile schließt mit der Angabe des Typs für die errechneten Funktionswerte (nach einem Doppelpunkt).

Im Deklarationsteil der Funktion können lokale Typen, Konstanten, Labels, Variablen, Prozeduren und Funktionen deklariert werden. Die Besonderheit bei der Deklaration einer Funktion ist: Im Anweisungsteil muß an einer Stelle eine Anweisung stehen, mit der dem Funktionsnamen der Wert zugewiesen wird, den die Funktion an die Stelle des Aufrufs setzt.

Ein einfaches Beispiel für eine neudefinierte Funktion ist die Boolesche Funktion *Gerade*, die den Wert *True* liefert, wenn die übergebene Zahl gerade ist:

```
Function Gerade (Zahl : Integer) : Boolean;
Begin If Odd (Zahl)
        then Gerade := False
        else Gerade := True;
End  (* Gerade *);
```

An die Funktion *GGT* werden zwei ganze positive Zahlen übergeben, sie liefert ihren größten gemeinsamen Teiler:

```
Function CGT (A, B : Integer) : Integer;
Begin
   If A = B
     then GGT := A
     else If A > B
            then GGT := GGT (A−B, B)
            else  GGT := GGT (A, B−A);
End  (* GGT *);
```

In der Funktion *GGT* wird die Funktion *GGT* erneut mit neuen Werten aufgerufen, es handelt sich um einen rekursiven Aufruf. Sie finden die Funktion *GGT* (wie auch einige der folgenden Funktionen) im Unterverzeichnis *FUNKTION* der Diskette zum Buch.

Die folgenden Funktionen *DezDual* und *DezHexa* wandeln die übergebene Zahl (vom Typ *Byte*) in duale Schreibweise (Bitmuster) und in hexadezimale Schreibweise um:

```
Type String8 = String (.8.);
Function DezDual (Zahl : Byte) : String8;
Var  I : Byte;
     D : Array (.1..8.) of Char;
Begin
For I := 8 downto 1 do Begin
  If Zahl mod 2 = 1
     then D (.I.) := '1'
     else D (.I.) := '0';
  Zahl := Zahl div 2 End;
  DezDual := D;
End;  (* DezDual *)

Type String2 = String (.2.);
Function DezHexa (Zahl : Byte) : String2;
  Var Zahl1, Zahl2 : Byte;
      H : Array (.1..2.) of Char;
  Function Ziffer (Zahl : Byte) : Char;
  Var Z : String (.1.);
```

```
    Begin
       Case Zahl of
          0..9 : Str (Zahl : 1,Z);
          10 : Z := 'A';
          11 : Z := 'B';
          12 : Z := 'C';
          13 : Z := 'D';
          14 : Z := 'E';
          15 : Z := 'F';
       End;  (* Case *)
       Ziffer := Z;
    End;  (* Ziffer *)
    Begin
       Zahl1 := Zahl div 16; Zahl2 := Zahl mod 16;
       H (.1.) := Ziffer (Zahl1); H (.2.) := Ziffer (Zahl2);
       DezHexa := H;
    End;  (* DezHexa *)
```

Das folgende Beispiel zeigt eine komfortable Menü-Steuerung in einem
Briefe-Programm. Der Benutzer kann mit den Tasten + und − durch das
Angebot hindurchgehen und seine Wahl mit <ENTER> auslösen. Dieser
Verbund aus einer Funktion und einer Prozedur ist unter dem gleichen
Namen *MENU* im Unterverzeichnis *FUNKTION* und im Unterverzeichnis
PROZEDUR gespeichert.

```
Var   Angebot : Array (.0..12.) of String80;
      Anfang, Ende, Nr : Byte;
      Wahl : Char;
Function Zeile (Anfang, Ende : Byte) : Byte;
Begin LowVideo;
   For Nr := Anfang to Ende do T (Nr + 11,13,Angebot (.Nr.));
   Nr := Anfang;
   Repeat NormVideo; T (Nr + 11,13,Angebot (.Nr.)); Read (Kbd,Wahl);
      Case Ord (Wahl) of
         43 : Begin LowVideo; T (Nr + 11,13,Angebot (.Nr.));
            If Nr < Ende then Nr := Nr + 1 else Nr := Anfang End;
         45 : Begin LowVideo; T (Nr + 11,13,Angebot (.Nr.));
            If Nr > Anfang then Nr := Nr − 1 else Nr := End End;
         13 : Zeile := Nr;
      End;  (* Case *)
   until Wahl = Char (13);
End;  (* Zeile *)

Procedure Menu;
Begin Anfang := 0; Ende := 6;
   Angebot (.0.) := ' ... Schluß machen                    ';
   Angebot (.0.) := ' Schreiben eines Briefes               ';
```

```
Angebot (.2.) := ' Abspeichern auf Diskette          ';
Angebot (.3.) := ' Laden von Diskette                ';
Angebot (.4.) := ' Ausgeben auf Bildschirm           ';
Angebot (.5.) := ' Korrigieren des Briefes           ';
Angebot (.6.) := ' Drucken des Briefes               ';
NormVideo; T(6,3, 'Angebot des Brief-Programms');
T(7,2, '— — — — — — — — — — — — — — — — — — — —');
T(8,3, ' Sie können die folgenden Arbeitsvorgänge wählen: ');
For Nr := Anfang to Ende do T( Nr +11,13, Angebot (.Nr.));
T(14+Ende,3, 'Sie können mit den Tasten + (abwärts) und − (aufwärts)');
T(15 + Ende,3,'durch das Angebot hindurchgehen und mit<ENTER> auswählen.');
Delay (1000); Nr := Zeile (Anfang, Ende);   (* Funktionsaufruf *)
T(23,3, ' Sie haben gewählt: '); Write (Angebot (.Nr.)); Delay (1200);
Case Nr of
    0: T (24,3, ' Bis zum nächsten Mal !  Tschüß !!! ');
(*      1: Schreiben;
    2: Speichern;
    3: Laden;
    4: Ausgeben;
    5: Korrigieren;
    6: Drucken;   *)
  End;   (* Case *)
 End;   (* Menu *)
```

Sie können sie (mit dem Blockbefehl <Ctrl> <R>) in Ihre Programme einbeziehen.

Einige der beschriebenen Funktionen sind auf der Diskette noch einmal enthalten (mit *FKT* vor dem Namen gekennzeichnet). Sie sind dort in Programme eingesetzt worden, um sie erproben zu können.

6.5.3 Vorwärtsdeklaration

Allgemein gilt: Eine Prozedur oder eine Funktion muß vollständig deklariert sein, bevor man sie aufruft. Die Vorwärtsdeklaration ermöglicht ein Abweichen von dieser Regel.

Bei der Vorwärtsdeklaration einer Prozedur schreibt man den Prozedurkopf vorweg (mit Namen und Parametern). Hinter die Kopfzeile schreibt man das reservierte Wort *forward* und kennzeichnet damit, daß die weiteren Angaben zur Prozedur erst später kommen. Der Prozedurblock der mit *forward* angekündigten Prozedur ist (im gleichen Deklarationsteil) nachzutragen. Dabei ist in der Kopfzeile nur der Prozedurname anzugeben, Parameter (und bei Funktionen der Typ für die Werte) sind fortzulassen.

Als Beispiel für die Vorwärtsdeklaration von Funktionen dient ein Programm *Zahlenfolge*, bei dem eine Funktion *Rauf* eine Funktion *Runter* benötigt und umgekehrt:

```
Program Zahlenfolge;
(* liefert eine merkwürdige Zahlenfolge *)
Type String80=String(.80.);
Procedure G;                       (* Glocke *)
   Begin Write (#7)  End;
Procedure T (Zeile, Spalte : Byte ; Text : String 80);   (* Textausgabe *)
   Begin GotoXY (Spalte, Zeile) ; Write (Txt) End;
Procedure Zk (Zeile, Spalte, N : Byte ; Zeichen : Char);   (* Zeichenkette *)
   Var I : Byte;
   Begin GotoXY (Spalte, Zeile);
   For I := 1 to N do Write (Zeichen) End;
Procedure Weiter;                    (* Unterbrechen *)
   Begin T (24,59, 'Weiter mit <ENTER>'); G;
   Read; Zk (24,59,26, ' ') End;
Procedure Kopf;
   Procedure Rahmen;
      Procedure Linie (L : Byte);
      Var J : Byte;
      Begin For J := 1 to L do Write (#205)  End;
      Begin
         Write (#201); Linie (38); Write (#209); Linie (38); Writeln (#187);
         Writeln (#186, ' ': 38, #179, ' ': 38, #186);
         Write (#200); Linie (38); Write (#207); Linie (38); Writeln (#188);
      End;     (* Rahmen *)
   Begin
      ClrScr; Rahmen;
      T (2,15, 'Turbo Pascal');
      T (2,54, 'unter MS-DOS');
      GotoXY (1,5);
   End;     (* Kopf *)
   Label Start;
   Var   Zahl : Integer;
         Antwort : Char;
Function Rauf (Var I : Integer) : Integer; forward;
Function Runter (Var I : Integer) : Integer;
Begin
   I := I div 2; Writeln ('Runter', I : 7);
   If I <> 1 then I := Rauf (I);
End;     (* Runter *)
```

```
Function Rauf;
Begin
    While I mod 2 <> 0 do
        Begin I := 3*I+1; Writeln (' Rauf ', I:7) End;
    I := Runter (I);
End;          (* Rauf *)
Begin
    Start: Kopf;
    T (5,3, 'Berechnung einer Folge von Zahlen');
    T (6,2, '----------------------------');
    T (7,3, ' Geben Sie eine Anfangszahl 1 .. 100 ein: ');
    Readln (Zahl);
    Zahl := Rauf (Zahl);
    Writeln ('----------------------------');
    Write ('Noch einmal ? sonst N ');
    Read (Kbd,Antwort); Antwort := Upcase (Antwort);
    If Antwort <> 'N' then Goto Start;
    Writeln ('Bis zum nächsten Mal !   Tschüß !!! ');
End.          (* Zahlenfolge *)
```

Das Programm finden Sie unter dem Namen *FOLGE* auf der Diskette zum
Buch.

7 Strukturierte Datentypen

Für die Definition neuer Typen stehen Typenkonstruktoren wie Folge (*Array*), Verbund (*Record*) oder *File* zur Verfügung. Mit ihnen lassen sich strukturierte Datentypen aufbauen. Wie man dabei vorgeht und wie man mit den strukturierten Datentypen umgehen kann, soll nun dargestellt werden.

7.1 Folgentyp (*Array*)

In einem Array werden Komponenten gleichen Typs als eine geordnete Folge zusammengefaßt. Man kann auf das Array im ganzen und − unter Verwendung von Indizes − auf jede einzelne Komponente zugreifen.

7.1.1 Eindimensionale Arrays

In einem eindimensionalen Array läßt sich jede Komponente durch die Angabe eines einzigen Index erfassen. Man kann sich das Array als eine Folge von Komponenten vorstellen, die der Reihe nach z. B. von 1 bis n durchnumeriert sind. In dieser Folge ist jede Komponente durch die Angabe der Nummer eindeutig zu kennzeichnen.

Bei der Definition eines *Array*typs verwendet man das reservierte Wort *Array* und gibt dahinter in eckigen Klammern bzw. in (. und .) an, aus welchem Bereich die Indizes genommen werden dürfen. Danach wird mit dem reservierten Wort *of* angefügt, von welchem Typ die Komponenten sind:

Beispiele für Arraydefinitionen:

Type Alphabet = Array (.1..26.) of Char;

Type Name = String (.20.);
        Liste = Array (.0..100.) of Name;
        Datei = Array (.'A'..'Z'.) of Liste;

Type Tag = (Mo, Di, Mi, Dn, Fr, Sa, So);
        Woche = Array (.Mo..So.) of Plan;
        (oder Woche = Array (.Tag.) of Plan;)

Als Komponententyp sind die Standardtypen und alle vorher definierten Typen zugelassen. Als Indexbereich darf man Teilbereiche von allen skalaren Typen nehmen, auch von selbstdefinierten Skalartypen wie *Tag*. Mit der Compilerdirektive R (von Range) läßt sich beim Programmablauf überprüfen, ob die Indizes der Arrays innerhalb der vorgegebenen Bereiche liegen. Die Direktive R muß mit (*R+*) aktiviert werden (s. Abschnitt 9.4), damit diese Bereichsprüfung vorgenommen wird.

Die *Array*typen kann man bei der Deklaration von Variablen wie andere Typen einsetzen:

> *Var LA, LB, LC : Liste;*
> *D : Datei;*

Der Variablen *LA* lassen sich 101 Namen als Komponenten zuweisen, die Variable *D* kann 26 Listen aufnehmen.

7.1.2 Mehrdimensionale Arrays

Der Komponententyp eines Array darf wieder ein *Array*typ sein. Auf diese Weise entstehen mehrdimensionale Arrays. Als Beispiel für ein zweidimensionales Array sei ein Typ genannt, mit dem sich die Verteilung der Figuren auf einem Schachbrett erfassen läßt:

> *Type Figur=(K, D, T, L, S, B, __);*
> *Brett=Array (. A .. H .) of Array (.1..8.) of Figur;*
> *Var   Br : Brett;*

Das mehrdimensionale Array läßt sich verkürzt schreiben, im obigen Beispiel läßt sich der Typ *Brett* als Array mit zwei Indexbereichen angeben:

> *Brett=Array (.A '..H ', 1..8.) of Figur;*

Für ein Programm zum Schreiben von Briefen läßt sich die folgende Definition eines dreidimensionalen Array verwenden:

> *Type Zeile=Array (.1..60.) of Char;*
> *Seite=Array (.1..40.) of Zeile;*
> *Brief=Array (.1..4.) of Seite;*
> *Var   S : Seite:*
> *Mahn 1, Mahn 2 : Brief;*

oder verkürzt:

> *Type Brief=Array (.1..4,1..40,1..60.) of Char;*

7.1.3 Zugriff auf Arrays

Einer Variablen vom *Array*typ kann man den Wert einer anderen Variablen des gleichen Typs im ganzen zuweisen:

Mahn 1 := *Mahn* 2;

Dabei erhält jede Komponente von *Mahn* 1 den Wert der entsprechenden Komponente von *Mahn* 2. Ein Sonderfall dieser Gesamtzuweisung liegt vor, wenn an Parameter in Prozeduren Werte vom *Array*typ übergeben werden. Dazu ist erforderlich, daß der *Array*typ einen eigenen Typnamen erhalten hat.

Neben dieser Wertzuweisung ist ein Gesamtzugriff auf ein Array auch dann möglich, wenn man einen File zur Speicherung von Arrays eingerichtet hat und nun Arrays in dem File abspeichern oder aus dem File holen will (s. Abschnitt 7.4).

Andere Operationen lassen sich an einem Array im ganzen nicht ausführen, insbesondere kann man keine Werte von *Array*variablen an die Eingabe- und Ausgabeprozeduren übergeben. Ausnahme: Zeichenarrays (*Array of Char*) lassen sich mit der *Write*-Prozedur ausgeben (s. Abschnitt 7.1.4).

Auf eine einzelne Komponente eines Array kann man durch Anfügen des Index (bzw. der Indizes bei mehrdimensionalen Arrays) an den Namen des Array zugreifen: Im letzten Beispiel wird mit *Mahn* 1(.3.) die dritte Seite des Briefes *Mahn* 1 erfaßt, mit *Mahn* 1 (.3,2.) die zweite Zeile auf der dritten Seite und mit *Mahn* 1 (.3,2,1.) das erste Zeichen in dieser Zeile.

Auf die Komponenten eines Array lassen sich alle Operationen und Funktionen anwenden, die für den Komponententyp verfügbar sind. So sind folgende Anweisungen für die Briefe zulässig:

Mahn 1(.3.) := *Mahn* 2(.1.);
Mahn 1 (.3,2,5.) := 't';
If Ord (Mahn 1(.1,1,1.)) = 65 *then* Anweisung;

Beim Belegen des Schachbretts könnte es heißen:

If Br (.'B',2.) = _ *then Br*(.'B', 2.) := *K;*
For Z := 'A' *to* 'H' *do*
   For N := 1 *to* 8 *do Br*(.Z,N.) := _ ;

Die letzte Anweisung setzt das Schachbrett leer. Sie zeigt erneut, wie gut sich die Zählschleife (s. Abschnitt 6.3.1) für den Zugriff auf alle Komponenten eines Array eignet.

7.1.4 Zeichenarray und String

Man kann für die Zeilen des Briefes Variablen vom Typ *String* oder vom Typ *Zeichenarray* deklarieren:

*Zeile*1:*String*(.60.);
*Zeile*2:*Array* (.1..60.) *of Char;*

In beiden Fällen kann die Zeile bis zu 60 Zeichen aufnehmen. Ein Unterschied zwischen den Variablen besteht darin, daß *Zeile*1 eine variable Länge hat und nur so viele Zeichen aufnimmt, wie jeweils zugewiesen werden. Dagegen nimmt *Zeile*2 immer 60 Zeichen auf, und der Programmierer muß dafür sorgen, daß bei einem kürzeren Text in den restlichen Plätzen des Array keine undefinierten Zeichen stehen. Ein Zeichenarray läßt sich somit als String mit konstanter Länge ansehen.

In *Turbo Pascal* ist das String-Konzept hoch entwickelt, es stehen viele zweckmäßige Operationen für Strings zur Verfügung. Das wird im folgenden Kapitel 8 genauer untersucht. In dieses String-Konzept sind die Zeichenarrays zum Teil einbezogen. Man kann z. B. Zeichenarrays in String-Terme einsetzen. Dabei wird das Zeichenarray in einen String gleicher Länge umgewandelt. So ist z. B. der Vergleich

Zeile 1 $<$ *Zeile* 2

erlaubt, er wird wie für zwei Strings durchgeführt (s. Abschnitt 5.4.1) und liefert den Wert *True*, wenn der Wert von *Zeile* 1 lexikographisch vor dem von *Zeile* 2 steht.

Einem Zeichenarray kann eine Stringkonstante zugewiesen werden, wenn diese genau die Länge des Array hat. So kann man der Variablen *Wort:*

Var Wort:Array (.1..6.) *of Char;*

die Konstante 'Pascal' zuweisen, nicht aber 'Turbo' oder 'Compiler'. Um 'Turbo' zuweisen zu können, muß man es (mit einem Leerzeichen) auf die Länge 6 bringen. Allgemein: Durch Auffüllen mit Leerzeichen kann man kürzere Konstanten verlängern und damit die Zuweisung ermöglichen.

Einem Zeichenarray darf man keine *String*variable (und keinen *String*-Term) zuweisen, umgekehrt kann zugewiesen werden:

Zeile 1 :=*Zeile* 2   ist zulässig.
Zeile 2 :=*Zeile* 1   ist nicht zulässig.

Gemeinsam ist beiden Typen, daß man mit *Zeile* 1 (.5.) oder *Zeile* 2 (.5.) auf das Zeichen zugreifen kann, das auf dem 5. Platz steht. Man kann den einzelnen Plätzen Zeichen (durch Wertzuweisung oder *Read*-Prozedur) zuweisen, und man kann die einzelnen Zeichen ausgeben lassen oder anders verarbeiten.

7.2 Verbundtyp (*Record*)

Ein Record verbindet (wie ein Array) mehrere Komponenten zu einer Einheit. Die Komponenten, sie werden Felder des Record genannt, brauchen (im Gegensatz zum Array) nicht vom gleichen Typ zu sein. Jedes Feld eines Record wird mit einem Namen gekennzeichnet. Mit diesem Feldnamen kann man innerhalb des Record auf das einzelne Feld zugreifen.

7.2.1 Definition eines *Record*typs

Im Deklarationsteil eines Programms kann der Benutzer *Record*typen definieren, indem er an das reservierte Wort *Record* eine Liste der Feldnamen (und -typen) anfügt. Diese Liste wird mit dem reservierten Wort *End* abgeschlossen.

Der *Record*typ wird immer dann eingesetzt, wenn man Daten verschiedenen Typs zu einem Datensatz zusammenfassen will. Für eine Kundendatei kann man den folgenden Typ definieren:

```
Type Kunde = Record
            Nr : Integer;
            Name : String(.20.);
            PLZ : Array (.1..4.) of 0..9;
            Ort, Strasse : String (.20.);
            BestNr : Array (.1..100.) of Integer;
         End;
   Var K, K1, K2 : Kunde;
```

Für einen Programmteil, der das Datum verarbeitet und gut lesbar ausgibt, läßt sich der folgende Typ einsetzen:

```
Type  Datum = Record
            Tag : 1..31;
            Monat : (Jan, Feb, Mrz, Apr, Mai, Jun, Jul,
                   Aug, Spt, Okt, Nov, Dez);
            Jahr : 1880 .. 2000;
            End;
   Var    Term : Datum;
          Woche : Array (.1..7.) of Datum;
```

Die Feldnamen *Tag, Monat* und *Jahr* sind nur in Verbindung mit Variablennamen wie *Termin* oder *Woche* (.2.) vom Typ *Datum* zu verwenden.

Weitere Beispiele für *Record*typen finden Sie z. B. in den Programmen *BUECHER* und *DATEI* auf der Diskette zum Buch.

7.2.2 Zugriff auf Records

Variablen vom Typ *Kunde* können einen Satz von Daten aufnehmen, die zu einem Kunden gehören. Man kann auf den gesamten Datensatz und auf die Einzeldaten zugreifen. Wie man den Zugriff steuert, soll nun beschrieben werden.

7.2.2.1 Gesamtzugriff

Auf einen Record im ganzen kann man mit einem Variablennamen zugreifen. Man kann den Datensatz z. B. insgesamt in einen File dieses Types abspeichern oder aus einem File holen (s. Abschnitt 7.4.3). Auch Wertzuweisungen an Variablen vom *Record*typ sind möglich: Man kann einem Record den Wert eines anderen vom gleichen Typ zuweisen. Die Wertzuweisung

> *K1* := *K2*;

für die Variablen vom Typ *Kunde* ist zulässig. Der Variablen *K1* wird der gesamte Datensatz, der in *K2* enthalten ist, Feld für Feld zugewiesen.

7.2.2.2 Zugriff auf einzelne Felder

Um auf einzelne Felder eines Record zugreifen zu können, fügt man den Namen des Feldes an den Namen der *Record*variablen an. Zwischen die Namen ist ein Punkt . zu setzen. So kann man im zweiten Beispiel das Feld *Monat* der Variablen *Termin* mit *Termin.Monat* erfassen. Damit sind z. B. die folgenden Anweisungen zulässig:

> *If Termin.Monat = Mai*
>   *then* Anweisung;
> *Termin. Tag* := 18;

Auf das Feld eines Record lassen sich alle Operationen und Funktionen anwenden, die für seinen Typ zugelassen sind.

Auch wenn ein Feld eines Record wieder vom *Record*typ ist, läßt sich auf seine Einzelfelder zugreifen. Als Beispiel soll ein Typ *Person* dienen, bei dem das Feld *Geb* vom *Record*typ *Datum* ist:

> *Type Person = Record*
>   *Name : String* (.16.);
>   *Vorname : String* (.16.);
>   *Geb : Datum*;
>   *End*;
>   *Var P,P1,P2 : Person*;

Mit *P.Geb* läßt sich auf das Feld *Geb* (vom Typ *Datum*) der Variablen *P* zugreifen, mit *P.Geb.Monat* auf dessen Teilfeld *Monat*. Diesen Zugriff auf das Teilfeld braucht man z. B. dann, wenn man die Daten für die Person eingibt oder wenn man eine Personendatei danach durchsucht, wer in einem bestimmten Monat Geburtstag hat.

7.2.2.3 With-Anweisung

Das Beispiel *P.Geb.Monat* zeigt, daß die Feldnamen (und damit die sie enthaltenden Anweisungen) lang werden können, wenn Felder von Records wieder vom *Record*typ sind. Sie lassen sich durch die *With*-Anweisung verkürzen.

Mit einer *With*-Anweisung läßt sich der Name der *Record*variablen bei den Namen für Felder dieser Variablen sparen. Man gibt den Variablennamen einmal hinter dem reservierten Wort *With* an, dann beziehen sich alle folgenden Feldnamen auf diese Variable.

Beispiel für eine *With*-Anweisung:

> *With P1 do*
>   *Begin Name* := 'Schmidt';
>   *Vorname* := 'Peter';
>   *Geb.Tag* := 18; *Geb.Monat* := *Feb*; *Geb.Jahr* := 1978
>   *End;*

Man könnte diese Anweisung noch weiter verkürzen, indem man in die *With*-Anweisung eine weitere einsetzt:

> *With Geb do*
>   *Begin Tag* := 18; *Monat* := *Feb*; *Jahr* := 1978 *End;*

Das Beispiel zeigt: *With*-Anweisungen lassen sich ineinander schachteln. Die folgende geschachtelte *With*-Anweisung

> *With Pers do With Geb do* Anweisung;

läßt sich noch kürzer schreiben als

> *With Pers, Geb do* Anweisung;

Die Anzahl der ineinandergeschachtelten *With*-Anweisungen (Schachtelungstiefe) ist in *Turbo Pascal* nicht begrenzt.

7.2.3 Varianten-Records

In *Turbo Pascal* sind auch Records zugelassen, die je nach Wert eines Selektors unterschiedliche Felder besitzen. Als Selektor dient der Wert eines Feldes, des Markierfeldes.

Als Beispiel soll der *Record*typ *Person* erweitert werden:

```
Type  Geschlecht = (m,w);
      Person = Record
                 Name:String(.16.);
                 Vorname : String (.16.);
                 Geb:Datum;
                 Case G : Geschlecht of
                     m: (Beruf: String (.20.);
                         Einst: Datum);
                     w: (GebName : String (.16.))
              End;
      Var P, P1, P2 : Person;
```

Als Markierfeld dient *G*, ihm kann man (wie anderen Feldern) Werte (in diesem Fall *m* oder *w*) zuweisen. Je nach dem Wert von *P.G* hat die Variable *P* die Felder, die (in Klammern) hinter dem Wert angegeben sind.

Der Variantenteil eines Record ist stets nach den festen Feldern anzugeben. Diese Vereinbarung hat zur Folge, daß ein Abschluß der Fallunterscheidung *Case* mit gesondertem *End* nicht erforderlich ist.

Der Programmierer ist dafür verantwortlich, daß dem Markierfeld Werte zugewiesen werden. Hinweis: Auf das Feld *Beruf* kann auch zugegriffen werden, wenn der Wert von *G* nicht *m* ist.

7.3 Mengentyp (*Set*)

Alle verfügbaren Datentypen sind Beispiele für Mengen, denn ein Typ gibt die Menge der Werte an, die einer Variablen dieses Typs zugewiesen werden können. Bei skalaren Typen (wie *Byte*, *Integer*, *Char* oder *Wochentag*) handelt es sich um geordnete Mengen, d. h. für ihre Elemente ist eine Anordnungsrelation definiert. Man darf die Werte daher als Indizes bei Arrays oder zum Zählen bei einer Zählschleife verwenden.

Wenn man in *Turbo Pascal* einen Mengentyp definiert, dann gibt es diese Anordnung nicht (auch wenn die Elemente von skalarem Typ sind). Daher ist die Menge der einstelligen Zahlen 0 bis 9 zu unterscheiden vom Abgrenzungstyp 0..9, der die gleichen Elemente enthält.

In *Turbo Pascal* ist der Mengenbegriff gegenüber dem mathematischen insofern eingeschränkt, als nur Elemente gleichen Typs in einer Menge zusammengefaßt werden können. Dieser Grundtyp der Menge muß ein einfacher skalarer Datentyp sein, von den Standardtypen also *Byte*, *Integer*, *Boolean* und *Char*.

7.3.1 Definition von Mengen

Der Benutzer kann Mengentypen definieren, indem er die reservierten Wörter *Set of* voranstellt und danach angibt, von welchem Typ die Elemente sind. Die Variablen der so definierten Mengen können bis zu 256 Elemente enthalten.

Beispiele für Mengentypen:

> *Type   Tage=Set of 1..31;*
> *Buchstaben=Set of 'A'..'Z';*
> *Zeichen=Set of Char;*
> *Werktage=Set of Mo..Sa;*
> *Var   T:Tage;*
> *B,V:Buchstaben;*
> *Z:Zeichen;*
> *W:Werktage;*

Einer Variablen vom Mengentyp können Werte mit einer Wertzuweisung zugewiesen werden, bei der rechts eine Auflistung der Elemente oder die Angabe eines Teilbereichs steht.

Beispiele:

> *T:=(.20..30.);*
> *V:=(.'A','E','I','O','U'.);*
> *Z:=(.Chr(65)..Chr(90).);*
> *W:=(.Sa.);*

Die Zuweisung der leeren Menge (..) ist bei jedem Typ möglich.

7.3.2 Operationen auf Mengen

In *Turbo Pascal* läßt sich überprüfen, ob ein vorgegebenes Element in einer Menge enthalten ist. Zwei Mengen gleichen Typs kann man vergleichen und durch Mengenoperatoren miteinander verknüpfen. Welche Operationen verfügbar sind, wird nun dargestellt.

7.3.2.1 Enthaltenseins-Operator (in)

Mit dem reservierten Wort *in* läßt sich für eine Menge prüfen, ob ein vorgegebener Wert, der vom Grundtyp sein muß, dazu gehört. Die folgenden Anweisungen sind zulässig:

> *Repeat I:=I+1 until I in T;*
> *If Zeichen in V then Write* ('Vokal');
> *While not (Zeichen in Z) do* Anweisung;

Davon macht man z. B. bei Eingabekontrollen Gebrauch: Man läßt die Eingabe des Kennbuchstabens wiederholen, bis ein zulässiger Buchstabe erscheint. Das kann bei der Wahl von Rechenoperationen so aussehen:

Repeat
   Read (Kbd, Wahl); Wahl := Upcase (Wahl)
until Wahl in (.'A','S','M','D','E'.);
Write (Wahl);

Die Echoausgabe des Kennbuchstabens *Wahl* erfolgt erst dann, wenn einer aus der Menge eingegeben wurde.

7.3.2.2 Vergleich zwischen Mengen

Für den Vergleich zweier Mengen gleichen Typs stehen die Vergleichsoperatoren (s. Abschnitt 5.4.1) zur Verfügung:

M1=M2 ist wahr, wenn die Mengen *M1* und *M2* die gleichen Elemente
        enthalten.
M1<M2 ist wahr, wenn *M1* Teilmenge von *M2* ist.
M1>M2 ist wahr, wenn *M2* Teilmenge von *M1* ist.

Entsprechend sind die (mit Doppelzeichen geschriebenen) Vergleichsoperatoren $<>$, $<=$ und $>=$ zu interpretieren.

7.3.2.3 Mengenoperatoren

Man kann in *Turbo Pascal* aus zwei Mengen die Schnittmenge, die Vereinigungsmenge und die Differenzmenge bilden. Diese Verknüpfungen schreibt man mit den Zeichen *, + und − (wie es manchmal auch in der Mengenlehre gemacht wird):

*M1*M2* liefert die Schnittmenge von *M1* und *M2*, zu ihr gehören alle
        Elemente, die in *M1* und auch in *M2* vorkommen.
M1+M2 liefert die Vereinigungsmenge mit den Elementen, die in *M1*
        oder in *M2* (oder in beiden) vorkommen.
M1−M2 liefert die Differenzmenge mit den Elementen, die in *M1* und
        nicht in *M2* enthalten sind.

Mit diesen Operanden lassen sich auch Zugriffe auf Mengen steuern. So kann man z. B. das Vereinigen mit + nutzen, um einer Menge von außen neue Elemente zuzuweisen.

Mit den drei Mengenoperatoren lassen sich weitere Vergleiche zwischen Mengen anstellen. Zum Beispiel läßt sich überprüfen, ob zwei Mengen gemeinsame Elemente haben: Wenn *M1*M2* = (..) wahr ist, dann sind die Mengen elementfremd. Das Programm *MENGE* auf der Diskette zum Buch zeigt einige Beispiele. Beachten Sie insbesondere, wie die Elemente der Menge ausgegeben werden.

7.4 Dateityp (*File*)

Ein File dient zum Abspeichern von Daten im Speicher, vornehmlich auf einem externen Speicher wie der Diskette. Beispiele für Files sind der Workfile im Arbeitsspeicher, die Files mit dem Sprachsystem *Turbo Pascal* und Ihre Programmfiles auf der Diskette. Auf einen File kann man mit seinem Namen zugreifen, ihm ist ggf. der Name des Unterverzeichnisses voranzustellen.

Ein File faßt (wie ein Array) Komponenten gleichen Typs zusammen. Als Komponententyp ist jeder Standardtyp und jeder benutzerdefinierte Typ zulässig, nicht jedoch ein *File*typ. Man kann sich die Komponenten wie beim eindimensionalen Array in einer linearen Folge angeordnet vorstellen. Im Gegensatz zum Array ist die Anzahl der Komponenten nicht von vornherein festgelegt, die Größe des File (Filesize) läßt sich (innerhalb der Speicherkapazität) beliebig erweitern.

Auf die einzelnen Komponenten eines File läßt sich (im Gegensatz zum Array) nicht durch einen Index zugreifen. Der Zugriff auf einen File wird durch einen Zeiger (Pointer) gesteuert. Beim Öffnen des File wird der Zugriffszeiger auf den ersten Platz (Platznummer 0) im File gesetzt, auf diesen kann zugegriffen werden. Nach jedem Zugriff (Abspeichern eines Datensatzes im File oder Holen eines Datensatzes aus dem File) rückt der Zeiger auf den nächsten Platz vor. Man spricht von einem sequentiellen Zugriff auf den File.

Ein besonderer Fall liegt vor, wenn die Komponenten des File vom Typ *String* sind. Dieser Sondertyp *Textfile* wird im folgenden Kapitel 8 im Zusammenhang mit der Textverarbeitung beschrieben. In diesem Kapitel 7 wird vorausgesetzt, daß die Filekomponenten nicht vom Typ *String* sind. Das bedeutet: Alle Komponenten des File haben den gleichen Speicherplatzbedarf, die gleiche Länge. Mit der Komponentenlänge und der Anfangsadresse (im Speicher) läßt sich ausrechnen, wo die n-te Komponente des File gespeichert ist. Daher kann man gezielt darauf zugreifen (Random Access). Das leistet die Prozedur *Seek* (s. Abschnitt 7.4.3.5).

7.4.1 Definition eines File

Ein *File*typ wird mit dem reservierten Wort *File* definiert, dem mit *of* der Typ der Komponenten anzufügen ist.

Beispiele für Filetypen:

```
Type  Folgen=File of Array (.0..100.) of Integer;
      KundenDatei=File of
                     Record
                       Nr:Integer;
                       Name:String (.20.);
                       PLZ:Array (.1..4.) of 0..9;
                       Ort,Strasse:String (.20.);
                     End;
Var  F:Folgen;
     D1,D2,D3:KundenDatei;
```

Die Variablen *D1,D2* und *D3* sind vom vorher definierten *Filetyp Kunden-Datei,* ihre Komponenten sind Records zur Aufnahme von Adressen.

Man kann den Typ auch innerhalb der Deklaration von *File*variablen festlegen. Das geschieht mit der Typangabe *File of* Komponententyp, im folgenden Beispiel mit *File of Person:*

```
Type  Zeile=String (.80.);
      Wort=String (.20.);
      Angebot=Array (.0..6.) of Zeile;
      Datum=Record
                    Tag,Monat,Jahr:String (.2.);
                End;
      Person=Record
                    Name,Vorname:Wort;
                    Geb:Datum;
                    Strasse,PLZ,Ort,Tel:Wort;
                End;
      Menge=Set of Char;
Var   P1,P2,P3:Person;
      Datei,Kopie:File of Person;
      DateiName:String (.12.);
      Antwort,Wahl:Char;
      Ziffer,Zeichen,Buchstabe:Menge;
      Pfeil:Menge;
      I,Anzahl:Byte;
      Auswahl:Angebot;
      OK:Boolean;
```

Diese Deklarationen werden bei der folgenden Beschreibung, wie man mit Files umgeht und welche Operationen verfügbar sind, zugrundegelegt.

7.4.2 Standardfunktionen für Files

Mit den folgenden Funktionen erhält man Informationen über einen File, mit denen sich der Zugriff steuern läßt.

7.4.2.1 Filegröße (FileSize)

Der Aufruf *FileSize (Datei)* liefert die Anzahl der im File *Datei* gespeicherten Datensätze. Für einen neu eingerichteten File erhält man den Wert 0.

Die Funktion *FileSize* wendet man z. B. beim Ergänzen eines File an, wenn man den Zeiger mit der Prozedur *Seek* (s. Abschnitt 7.4.3.5) hinter den letzten gespeicherten Datensatz setzen will.

7.4.2.2 Zeigerposition (FilePos)

Der Aufruf *FilePos (Datei)* liefert die aktuelle Position des Filezeigers im File *Datei*. Für die erste Komponente erhält man den Wert 0, für die letzte den Wert *FileSize (Datei) $-$ 1*.

Die Funktion *FilePos* wendet man z. B. beim Suchen eines Datensatzes aus der Datei an. Sie liefert die Position, an der man den gesuchten Datensatz gefunden hat.

7.4.2.3 Ende des Files (EoF)

EoF ist eine Boolesche Funktion. Der Aufruf *EoF (Datei)* liefert den Wert *True,* wenn der Zeiger beim sequentiellen Durchgang am Ende des File angekommen ist.

Man kann die Funktion *EoF* immer dann anwenden, wenn man alle Datensätze durchgeht, etwa beim Suchen eines Datensatzes oder beim Auflisten. Der Durchgang läßt sich mit der Eingangsbedingung *not EoF (Datei)* steuern:

> *While not EoF (Datei) do* Anweisung;

7.4.3 Zugriffsprozeduren

Der Zugriff auf Files wird anhand eines kleinen Datenbank-Programms beschrieben. Dabei werden die Typen und Variablen zugrundegelegt, die der Deklarationsteil im Abschnitt 7.4.1 enthält. Als Filevariablen werden *Datei* und *Kopie* verwendet.

7.4.3.1 Zuweisen eines Namens (Assign)

Auf einen File greift man mit seinem Namen zu. Wenn Sie einen neuen File anlegen wollen, müssen Sie zunächst einen geeigneten Namen auswählen. Was für die Schreibweise von Filenamen (max. 8 Zeichen und Ergänzung mit max. 3 Zeichen) zu beachten ist, wird in Abschnitt 3.5.3 beschrieben.

Damit von einem Programm her auf diesen File zugegriffen werden kann, muß dort eine *File*variable deklariert werden (im Beispiel *Datei* oder *Kopie*). Dieser Variablen ist der Filename zuzuweisen, damit man mit der Variablen auf den File zugreifen kann.

Die Zuweisung des Filenamens an die *File*variable ist nicht mit einer Wertzuweisung zu verwechseln, es handelt sich um eine Benennung der *File*variablen oder um die Zuordnung eines konkreten Files. Das leistet in *Turbo Pascal* die Prozedur *Assign*.

Beispiel für die Zuweisung eines Namens:

> *Assign (Datei,* 'Kunden.Dat');

Das Programm kann auch vorsehen, daß der Benutzer selbst einen Namen vorgibt:

> *Write* ('Bitte geben Sie den Dateinamen ein: ');
> *Readln (DateiName);*
> *Assign (Datei, DateiName);*

In einem benutzersicheren Programm wird man Sicherheitsmaßnahmen vorsehen, damit nur ein zulässiger Name eingegeben wird. Wie solche Maßnahmen aussehen können, zeigt die Prozedur *FILENAME* im Unterverzeichnis *PROZEDUR*.

Wenn nach der Namenzuweisung im Programm die Variable *Datei* vorkommt, ist immer der File mit dem zugewiesenen Namen gemeint.

7.4.3.2 File einrichten (Rewrite)

Mit dem Prozeduraufruf *Rewrite (Datei)* wird ein File unter dem Namen eingerichtet, den die Filevariable *Datei* mit *Assign* bekommen hat. Der eingerichtete File ist noch leer, d.h. *FileSize (Datei)* liefert den Wert 0 und *EoF (Datei)* den Wert *True.* Der Zeiger weist auf die erste Komponente, *FilePos (Datei)* ergibt 0.

Der *Rewrite*-Aufruf ist mit Vorsicht anzuwenden: Besteht schon eine Datei unter dem übergebenen Filenamen, dann werden alle darin gespeicherten Datensätze gelöscht. Man sollte daher das Einrichten eines neuen Files mit Sicherheitsmaßnahmen umgeben, man kann es aus Anwenderprogrammen heraus- und in gesonderte Einrichtungsprogramme hineinnehmen. Auf jeden Fall wird man vor die Ausführung der *Rewrite*-Anweisung eine Sicherheitsabfrage setzen (s. Abschnitt 7.4.3.9).

7.4.3.3 *Öffnen für Zugriff (Reset)*

Vor dem Zugriff auf einen File muß man ihn öffnen, nach Beendigung der Arbeit wieder schließen. In *Turbo Pascal* wird nicht zwischen dem Öffnen für lesenden Zugriff und dem Öffnen für schreibenden Zugriff unterschieden.

Mit dem Aufruf *Reset (Datei)* ist der File, dessen Name der Variablen *Datei* zugewiesen wurde, für den lesenden und den schreibenden Zugriff geöffnet. Der Zeiger weist auf die erste Komponente, *FilePos (Datei)* liefert 0.

7.4.3.4 *Datensatz schreiben (Write)*

Der von der Variablen *P1* aufgenommene Datensatz wird mit dem Aufruf *Write (Datei,P1)* der Prozedur *Write* auf den Platz des File gespeichert, auf den der Filezeiger gerade weist. Will man auf einen bestimmten Platz abspeichern, kann man den Zeiger mit der *Seek*-Prozedur dorthin positionieren.

Mit einem Aufruf lassen sich gleich mehrere Datensätze abspeichern. Man schreibt sie (durch Kommata getrennt) in die *Write*-Anweisung. So werden mit *Write (Datei,P1,P2,P3)* drei Datensätze in den File abgespeichert. Nach jedem schreibenden Zugriff wird der Zeiger auf den folgenden Platz gesetzt.

7.4.3.5 *Zeiger einstellen (Seek)*

Mit dem Aufruf *Seek (Datei, n)* stellt man den Zugriffszeiger des File, dessen Name *Datei* zugewiesen wurde, auf den Platz mit der Nummer *n*. Dabei ist zu beachten: Der erste Platz im File hat die Nummer 0, der letzte die Nummer *FileSize (Datei)*−1. Der mit *Seek* angesprochene Platz des File steht nun für den nächsten (lesenden oder schreibenden) Zugriff offen.

Die Prozedur *Seek* läßt sich z. B. dann einsetzen, wenn man einen Datensatz auf einem bestimmten Platz abspeichern will. Soll die Datei ergänzt werden, d. h. will man einen neuen Datensatz an die bisherigen anschließen, kann man vorher die Anweisung

    Seek (Datei, FileSize (Datei));

geben. Sie setzt den Zeiger auf den ersten freien Platz hinter den belegten Plätzen.

7.4.3.6 *Datensatz lesen (Read)*

Der Datensatz, auf den der Zugriffszeiger weist, kann mit dem Aufruf *Read (Datei,P1)* der *Read*-Prozedur aus dem File *Datei* geholt und der Variablen *P1* (vom Typ *Person*) zugewiesen werden. Nach jedem lesenden Zugriff wird der Filezeiger auf den folgenden Platz gesetzt. Will man den Datensatz eines bestimmten Platzes holen, dann setzt man vorher mit *Seek* den Zeiger dorthin.

In den Aufruf der Prozedur *Read* kann man mehrere Variablen für Datensätze schreiben. So werden mit der Anweisung *Read (Datei, P1, P2, P3)* drei aufeinanderfolgende Datensätze gelesen.

7.4.3.7 Puffer leeren (Flush)

Es wäre sehr zeitaufwendig, wenn jeder schreibende Zugriff das Diskettenlaufwerk in Gang setzen würde. Daher gibt es einen internen Puffer, der die zu schreibenden Datensätze aufnimmt und sie erst dann auf der Diskette abspeichert, wenn er gefüllt ist oder wenn der File geschlossen wird.
Mit dem Aufruf *Flush (Datei)* wird der Inhalt des Puffers auf der Diskette abgespeichert, wenn seit dem letzten Abspeichern ein Aufruf der *Write*-Prozedur vorkam. Auch sorgt der Aufruf von *Flush* dafür, daß beim nächsten lesenden Zugriff wirklich von der Diskette gelesen wird.

7.4.3.8 File schließen (Close)

Der mit *Reset* (oder *Rewrite*) dem Zugriff geöffnete File wird mit dem Aufruf *Close (Datei)* der Prozedur *Close* wieder geschlossen. Danach ist kein Zugriff auf den File mehr möglich. Mit der *Close*-Anweisung wird auch der Inhalt des Puffers abgespeichert und die File-Verwaltung auf den neuesten Stand gebracht.

7.4.3.9 File umbenennen (Rename)

Mit dem Aufruf *Rename (Datei, FileName)* kann man dem File, dessen Name der *File*variablen *Datei* zugeordnet wurde, einen anderen Namen geben. Der neue Name ist nach den Vorgaben von Abschnitt 3.5.3 zu bilden und vorher der *String*variablen *FileName* zuzuweisen. Solange der File *Datei* für den Zugriff geöffnet ist, sollte man ihn nicht umbenennen.
Der Benutzer ist dafür verantwortlich, daß der neue Filename noch nicht existiert. Sonst können mehrere Files gleichen Namens entstehen, und ein eindeutiger Zugriff ist nicht mehr möglich. Um diese Schwierigkeit zu vermeiden, kann man mit der folgenden Funktion vor einem *Rename*-Aufruf abfragen, ob der Name schon vorhanden ist:

```
Function Vorhanden (FileName : Wort) : Boolean
Var F : File;   (* File ohne Typangabe *)
Begin  Assign (F, FileName);
    (* I- *)    (* schaltet Compilerdirektive I aus *)
    Reset (F);
    (* I+ *)    (* aktiviert Compilerdirektive I *)
    Vorhanden := (IO Result = 0);
    If IOResult = 0 then Close (F);
End;
```

Die Funktion *Vorhanden* liefert den Wert *True,* wenn die Funktion *IOResult* den Wert 0 liefert, d. h. wenn das Öffnen mit *Reset* fehlerlos möglich war, ein File mit diesem Namen also schon vorhanden ist. Einem Umbenennen sollte man die Bedingung *not Vorhanden(FileName)* voranstellen.

Was die Compilerdirektive I und die Funktion *IOResult* bewirken, wird in den Abschnitten 9.4 bzw. 8.4.7 besprochen.

7.4.3.10 Filenamen löschen (Erase)

Mit dem Aufruf *Erase(Datei)* wird der Filename, den *Datei* mit *Assign* zugewiesen erhielt, aus dem Inhaltsverzeichnis der Diskette gelöscht (s. *MS-DOS*-Kommando *ERASE* oder *DEL* in Abschnitt 1.11). Vor dem Löschen sollte man den File, der mit *Reset* (oder *Rewrite*) geöffnet wurde, zunächst wieder mit *Close* schließen.

Bei der Anwendung von *Erase* ist Vorsicht geboten: Auf die Datensätze des gelöschten File kann man danach nicht mehr zugreifen, auch wenn sie weiterhin auf der Diskette vorhanden sind.

7.4.4 Anwendung: Datenbank

Wie sich die *File* Funktionen und -Prozeduren einsetzen lassen, sollen (mit dem Deklarationsteil von Abschnitt 7.4.1) einige Ausschnitte aus einem einfachen Datenbank-Programm zeigen.

Mit der Prozedure *DateiErgaenzen* lassen sich neue Datensätze in die Datenbank eingeben:

```
Procedure DateiErgaenzen;
Var I: Integer;
Begin Reset(Datei);
    Seek (Datei, FileSize (Datei));
    Repeat Maske;
        T(4,40, 'Ein neuer Datensatz wird angefügt');
        T(5,40, '-----------------------------');
        DatenEingeben (P1);
        Write (Datei,P1);
        T(24,40,'Noch ein Datensatz?   sonst N    ');
        Read (Kbd,Antwort);
    until UpCase(Antwort)='N';
    Close(Datei);
End;
```

Für das Eingeben neuer Datensätze mit der Prozedur *DatenEingeben* wird eine Maske auf dem Bildschirm vorgegeben:

```
Procedure Maske;
Begin Kopf;
    T( 5,1, 'Datensatz:');
    T( 8,1, 'Nachname                 : <              >');
    T( 9,1, 'Vorname                  : <              >');
    T(10,1, 'GebDatum (ttmmjj)        : <     >');
    T(11,1, 'Straße und HausNummer : <                >');
    T(12,1, 'Postleitzahl und Ort     : <  >< >');
    T(13,1, 'TelefonNummer            : <         >');
End;
```

Die Maske erscheint auch bei der Ausgabe der Datensätze auf dem Bildschirm. Auf sie beziehen sich die Positionszahlen in der folgenden Ausgabeprozedur, sie gibt den Datensatz vom Platz mit der Nummer *Nr* auf dem Bildschirm aus:

```
Procedure Ausgabe (Nr: Byte);
Begin Reset (Datei);
    Seek (Datei, Nr −1);
    Read (Datei, P1);
    Maske;
    With P1 do Begin
        T (8,25, Name); T (9,25, Vorname);
        T (10,25, Geb.Tag); T (10,27, Geb.Monat);
        T (10,29, Geb.Jahr);
        T (11,25, Strasse); T (12,25, PLZ); T (12,31, Ort);
        T (13,25, Tel); End;
    Close (Datei);
End;   (* Ausgabe *)
```

Die Diskette zum Buch enthält mehrere Programme, die auf Files zugreifen. Insbesondere können Sie sich die Programme *BUECHER* zum Verwalten von Literaturdaten und *DATEI* zum Verwalten von Personaldaten ausgeben lassen und genauer ansehen.

8 Textverarbeitung

Der Einsatz von Computern zur Verarbeitung von Texten nimmt ständig zu, für viele ist ein gutes Textprogramm zum wichtigen beruflichen und privaten Hilfsmittel geworden.

Für das Erstellen von Textprogrammen, d. h. von Programmen, mit denen sich Texte schreiben und korrigieren lassen, bietet *Turbo Pascal* mehrere Vorzüge gegenüber anderen Programmiersprachen:

1. Der Datentyp *String* ist als Standardtyp verfügbar.
2. Für den *String*typ sind zweckmäßige Prozeduren und Funktionen vorhanden.
3. Als besonderer *File*typ ist der Textfile verfügbar.
4. Mit Hilfe besonderer Textfiles, die standardmäßig vorhanden sind, läßt sich der Zugriff auf Ausgabegeräte wie Bildschirm oder Drucker und auf Eingabegeräte wie die Tastatur einfach steuern.

In diesem Kapitel soll das String-Konzept von Turbo Pascal etwas genauer beschrieben werden. Wie sich die String-Operationen einsetzen lassen, soll das Beispiel Finden und Ersetzen zeigen. Schließlich wird in die Handhabung von Textfiles eingeführt. Damit haben Sie Hilfsmittel in der Hand, mit denen Sie ein eigenes Editor-Programm schreiben können.

8.1 Datentyp *String*

Der Datentyp *String* wurde schon in Abschnitt 5.1.3.2 vorgestellt. Bei der Definition eines speziellen *String*typs oder der Deklaration einer *String*variablen hat man die maximale Anzahl der Zeichen anzugeben:

```
Type  String12=String(.12.);
      String80=String(.80.);
      MaxString=String(.255.)
Var   Filename:String12;
      Zeile:String80;
      Bildschirm:Array(.1..24.) of String80;
      Wort:String(.18.);
```

Auf diese Variablen bezieht sich die folgende Beschreibung der String-operationen.

Einer *String*variablen lassen sich Ketten aus den verfügbaren Zeichen als Werte zuweisen. Auch Steuerzeichen werden aufgenommen, wenn ihre Eingabe mit <Ctrl><P> eingeleitet wurde (s. Abschnitt 2.3.4.8). Die Steuerzeichen werden auf dem Bildschirm in dunklerer Schrift wiedergegeben.

Einer Stringvariablen wie *Zeile* kann man Zeichenketten bis zur maximalen Länge zuweisen. Das kann mit einer Wertzuweisung := oder mit einer Eingabeanweisung *Read* geschehen. Die aktuelle Länge, d. h. die Anzahl der aufgenommenen Zeichen, wird auf Platz 0 der Variablen gespeichert. Sie kann mit der Funktion *Length (Zeile)* abgerufen werden. Durch seine variable Länge unterscheidet sich der *String*typ vom Zeichenarray (s. Abschnitt 7.1.4).

8.2 Stringoperationen

Für die Anwendung auf Strings bietet *Turbo Pascal* eine Reihe von Prozeduren und Funktionen an. Die folgende Beschreibung bezieht sich auf die oben deklarierten *String*variablen *Zeile* und *Wort*.

8.2.1 Einfügen in String (*Insert*)

Mit der Prozedur *Insert* läßt sich eine Zeichenkette, das kann eine *String*-konstante oder der Wert einer *String*variablen sein, in eine *String*variable an einer vorgegebenen Stelle einfügen. Die Stelle wird mit der Nummer des Platzes angegeben, an dem das erste Zeichen der einzufügenden Kette stehen soll.

Der Aufruf *Insert (Wort, Zeile, Nummer)* setzt den Wert von *Wort* so in den Wert von *Zeile* ein, daß das erste Zeichen von *Wort* den Wert von *Nummer* als Platznummer im Ergebnisstring hat. Alle Zeichen von *Zeile*, deren Platznummer größer als *Nummer*−1 war, werden um so viele Plätze nach rechts verschoben, wie die Länge von *Wort* angibt. Wird dabei die maximale Länge von *Zeile* überschritten, dann gehen die überzähligen Zeichen verloren. Liegt der Wert von *Nummer* außerhalb von 0 .. 255, erfolgt eine Runtime-Fehlermeldung.

Beispiel für das Einfügen: Haben *Zeile* den Wert 'Turbo Editor' und *Wort* den Wert 'Pascal', dann hat nach dem Aufruf *Insert (Wort, Zeile, 7) Zeile* den Wert 'Turbo PascalEditor' und dann nach dem Aufruf *Insert (' − ', Zeile, 13)* den Wert 'Turbo Pascal-Editor'.

8.2.2 Löschen aus String (*Delete*)

Mit der Prozedur *Delete* kann man aus einem String wie z. B. *Zeile* einen Teilstring löschen. Zur Kennzeichnung des Teilstrings werden die Platznummer des ersten Zeichens und die Anzahl der Zeichen als Parameterwerte an die Prozedur übergeben. Der Aufruf heißt allgemein *Delete (Zeile, Nummer, Anzahl)*.

Beispiel für das Löschen eines Teilstrings: Der Wert von *Zeile* sei 'Die String-Prozeduren von Turbo Pascal', dann ergibt sich durch den Aufruf *Delete (Zeile*, 27,6) der Wert 'Die String-Prozeduren von Pascal' und danach mit *Delete(Zeile*, 1,4) der Wert 'String-Prozeduren von Pascal'.

Der Wert von *Nummer* darf den Bereich 0..255 nicht überschreiten, sonst erfolgt eine Fehlermeldung beim Ablauf. Geht man mit *Nummer* und *Anzahl* über die Länge von *Zeile* hinaus, dann wird nur der Teil innerhalb von *Zeile* gelöscht.

8.2.3 Teilstring aus String (*Copy*)

Mit der Stringfunktion *Copy* läßt sich ein Teilstring aus dem String *Zeile* herauskopieren (s. Abschnitt 5.2.3.2). Die Anweisung

    Wort := Copy (Zeile, Nummer, Anzahl);

weist der Variablen *Wort* den Teilstring von *Zeile* zu, dessen erstes Zeichen die angegebene Platznummer hat und dessen Länge mit *Anzahl* vorgegeben ist. Der Wert von *Zeile* bleibt dabei ungeändert.

Beispiel für das Herauskopieren: Hat *Zeile* den Wert 'Textverarbeitung', dann liefert *Copy(Zeile*, 8,6) den Wert 'arbeit'.

Liegt *Nummer* außerhalb von 0..255, erfolgt eine Runtime-Fehlermeldung. Übersteigt die Summe *Nummer+Anzahl* die Länge von *Zeile*, dann werden nur die Zeichen kopiert, die ab *Nummer* innerhalb von *Zeile* liegen.

8.2.4 Finden eines Teilstrings (*Pos*)

Der Aufruf der Funktion *Pos* mit *Pos (Wort, Zeile)* liefert die Nummer des Platzes, an dem das erste Zeichen von *Wort* in *Zeile* vorkommt. Ist der Wert von *Wort* nicht in dem von *Zeile* enthalten, dann wird 0 geliefert.

Beispiel für das Finden eines Teilstrings: Hat *Zeile* den Wert 'Der Editor von Turbo Pascal erfüllt höchste Ansprüche' und *Wort* den Wert 'Turbo', dann liefert *Pos (Wort, Zeile)* den Wert 16 und *Pos ('er', Zeile)* den Wert 2.

8.2.5 Verketten von Strings (*Concat*)

Zwei Strings lassen sich mit der Funktion *Concat* zu einem Gesamtstring verketten. Der Aufruf *Concat(Wort1,Wort2)* liefert einen String, bei dem der Wert von *Wort2* unmittelbar an den Wert von *Wort1* angehängt wird. Für die Länge des Ergebnisstrings gilt *Length(Concat(Wort1,Wort2))= Length(Wort1)+Length(Wort2)*. Überschreitet die Länge der verketteten Strings die maximale Länge des Aufnahmestrings, dann gehen die überzähligen Zeichen verloren.

In Abschnitt 5.2.3.1 wurde beschrieben, daß ein Verketten zweier Strings auch mit dem Operator + bewirkt werden kann.

8.2.6 Umwandlung Zahl → String (*Str*)

Mit der Prozedur *Str* läßt sich eine Zahl in einen String umwandeln. Hat die *Integer*variable *Zahl* den Wert 123, dann erhält *Wort* mit dem Aufruf *Str(Zahl: 7,Wort)* den Wert '   123'. Beim Aufruf werden Formatangaben benötigt, wie sie in Abschnitt 4.4.2.2 für die Ausgabe mit *Write* eingeführt wurden. Die Zahl 7 gibt die Feldweite auch für die Stringumwandlung an.

Auch Zahlen vom Typ *Real* lassen sich in Stringwerte umwandeln. Hat *Kommazahl* den Wert 18.80, dann ergibt sich mit dem Aufruf *Str(Kommazahl: 10:2,Wort)* der Wert '   18 . 80' für *Wort*. Die erste Zahl 10 gibt die Feldweite, die zweite 2 die Anzahl der Nachkommastellen an.

8.2.7 Umwandlung String → Zahl (*Val*)

Die Prozedur *Val* wandelt einen *String*wert in eine Zahl um, wenn das möglich ist, d.h. wenn der String eine Zahl darstellt (s. Abschnitt 3.4). Im Aufruf wird eine Variable *Fehler* verwendet, an deren Wert man erkennen und abfragen kann, ob sich der String in eine Zahl umwandeln ließ.

Hat *Fehler* nach dem Aufruf *Val(Wort,Zahl,Fehler)* den Wert 0, dann war die Umwandlung möglich und *Zahl* enthält den Wert, der sich aus der Zeichenfolge in *Wort* ergibt. Gelingt die Umwandlung nicht, dann erhält *Fehler* die Nummer des Platzes, an dem in *Wort* das erste Zeichen steht, das nicht zur Zahlendarstellung zugelassen ist oder das die Darstellung fehlerhaft macht.

Beispiele für den Aufruf *Val (Wort, Zahl, Fehler)*: Hat *Wort* den Wert '18', dann erhält *Zahl* mit dem Aufruf den Wert 18, *Fehler* den Wert 0. Hat *Wort* den Wert '2.169', dann erhält *Zahl* den Wert 2.169 und *Fehler* den Wert 0. Hat *Wort* den Wert '23,90', erhält *Fehler* den Wert 3 und der Wert von *Zahl* ist undefiniert. Hat *Wort* den Wert '3.14E-2', erhält *Zahl* den Wert 0.0314 und *Fehler* den Wert 0. Hat *Wort* den Wert ' 22.5', erhält *Fehler* den Wert 1 und der Wert von *Zahl* ist undefiniert.

Das letzte Beispiel zeigt, daß in *Wort* weder vor noch nach dem String ein Leerzeichen enthalten sein darf.

8.3 Anwendung: Finden und Ersetzen

Wie man die Stringoperationen einsetzen kann, soll ein Ausschnitt aus einem Textverarbeitungsprogramm zeigen. Es geht um einen Komfort, den der *Turbo Editor* (wie alle guten Textprogramme) anbietet, das Finden und Ersetzen. Der Benutzer kann im ganzen Text (oder in Teilen davon) einen vorgegebenen Textteil durch einen anderen ersetzen lassen.

Die folgenden Ausschnitte aus einem Textprogramm sollen zeigen, wie man einfaches Finden und Ersetzen mit den beschriebenen Funktionen und Prozeduren programmieren kann. Zunächst kann der Benutzer mit der Prozedur *Eingabe* einen Suchstring und einen Ersatzstring angeben, dann als Option A, wenn jeweils vorher abgefragt werden soll.

```
Procedure FindenErsetzen;
Var   Suchstring, Ersatzstring: String(.20.);
   Nr: Byte;
   Option: Char;
   Ersetzt: Boolean;
Procedure  Eingabe;
Begin
   T(7,3,'Ein Textteil wird durch einen anderen ersetzt.');
   T(8,3,'Bitte geben Sie bisherigen und neuen Text (max. 20 Zeichen) ein.');
   T(10,3,'Zu ersetzen ist:  '); Readln(Suchstring);
   T(11,3,'        durch :  '); Readln(Ersatzstring);
   T(12,3,'Option: jeweils Abfragen vor Ersetzen (A) ');
   Read(Kbd,Option); Option := Upcase(Option);
   T(14,3,'Im Text wird ' +Suchstring+' durch '+Ersatzstring+' ersetzt.');
End;   (* Eingabe *)
Procedure Bearbeiten (Var Zeile: String 80);
Var   P,P1: Byte;
   Puffer, Rest: String 80;
```

```
Begin Puffer := Zeile;
  P := Pos (Suchstring,Puffer); P1 := P;
  If P = 0
     then Begin Leer (18,22); T(18,3,'Zeile ');
        Write (Nr:2, ':', Puffer);
        T(20,3,'Der gesuchte Text kommt nicht darin vor.');
        Delay (1000); End;
  While P1 > 0 do
     Begin Leer (18,22);
     T(18,3,'Bisher: '+Puffer);
     Delete (Puffer,P,Length (Suchstring));
     Insert (Ersatzstring,Puffer,P);
     T(20,3,'Neu:  '+Puffer);Antwort := 'J';
     If Option = 'A'
        then Begin T(22,3, 'Soll ersetzt werden ? sonst N ');
           Read (Kbd,Antwort); Antwort := Upcase (Antwort); End;
     If Antwort <> 'N'
        then Begin Zeile := Puffer;P := P + Length (Ersatzstring) End
        else   Begin Puffer := Zeile; P := P + Length (Suchstring) End;
     Rest := Copy (Zeile,P,Length (Puffer) − P + 1);
     P1 := Pos (Suchstring,Rest); P := P+P1 −1;
     Ersetzt := True;
     Delay (1500);
     End;    (* While *)
  End;    (* Bearbeiten *)
Begin Kopf2 ('Texteditor − Finden und Ersetzen');
  Eingabe;
  If Anzahl > 0
     then Begin Ersetzt := False;
        For Nr := 1 to Anzahl do
           Bearbeiten (Textzeilen(.Nr.));
        If not Ersetzt
           then T(23,3,'Im Text wurde nicht ersetzt.')
           else  T(23,3,'Finden und Ersetzen beendet.');
        Weiter; End;
  End;    (* FindenErsetzen *)
```

Sie finden die Prozedur unter dem Namen *TEXT1* im Unterverzeichnis *PROZEDUR.* In der Prozedur werden die Hilfsprozeduren *T* für die positionierte Ausgabe eines Textes und *Zk* für die Ausgabe einer Zeichenkette eingesetzt.

Die Prozedur *FindenErsetzen* ist im Programm *EDITOR1* eingesetzt. Der Text wird von diesem einfachen Editor zeilenweise bearbeitet. So wird hier eine Zeile nach der anderen an die Prozedur *Bearbeiten* übergeben. Von ihr wird der Suchstring, falls er in der Zeile gefunden wird, durch den Ersatzstring ersetzt.

8.4 Textfiles

In *Turbo Pascal* gibt es einen besonderen *File*typ, der mit dem Standardbezeichner *Text* gekennzeichnet wird. Dafür sind besondere Zugriffsoperationen verfügbar. Wie man mit Textfiles umgeht, wird nun beschrieben.

Mehrere Files vom Typ *Text* sind im Sprachsystem vordefiniert; sie stehen dem Benutzer zur Verfügung, ohne daß er sie deklarieren muß (s. Abschnitt 8.4.5). Er kann weitere Textfiles bereitstellen:

> *Var Programm : Text;*
> *Brief : Text;*

Ein Textfile hat den Komponententyp *Char*, doch sind die Zeichen zu Zeilen zusammengefaßt. Die Zeilen können unterschiedlich lang sein, jede kann 0 .. 127 Zeichen aufnehmen. Die Zeilen werden mit einer *Eoln*-Marke, das ist eine Sequenz aus CR und LF, abgeschlossen. Den Abschluß des Textfile markiert ein *EoF*-Zeichen.

8.4.1 Operationen auf Textfiles

Von den Prozeduren, die in Abschnitt 7.4.3 allgemein für Files eingeführt wurden, lassen sich einige auch auf Textfiles anwenden. Das gilt insbesondere für das Einrichten, das Öffnen und das Schließen.

Mit *Assign (Brief,* 'Text01.Dat') wird der Variablen *Brief* der Filename 'Text01.Dat' zugewiesen. Jedem Zugriff auf den File muß dann ein *Reset* oder ein *Rewrite* vorausgehen.

Mit *Rewrite (Datei, Brief)* wird ein neuer Textfile unter diesem Namen eingerichtet. Nach *Rewrite* kann man auf Textfiles (abweichend vom Einrichten anderer Files) nur schreibend zugreifen, d. h. es können neue Zeilen an die vorhandenen angehängt werden.

Mit *Reset (Brief)* wird der Textfile nur für den lesenden Zugriff geöffnet.

Beim Schließen mit *Close (Datei)* wird das Ende des Files mit dem *EoF*-Zeichen markiert. Die Marke bewirkt, daß die Funktion *EoF* den Wert *True* liefert, wenn die sequentielle Bearbeitung am Ende angekommen ist.

Wegen der unterschiedlichen Zeilenlänge läßt sich im Gegensatz zu anderen Files der Platz einer bestimmten Zeile nicht berechnen, daher kann man auf Textfiles nur sequentiell und nicht mit der Prozedur *Seek* zugreifen. Auch die Funktionen *FilePos* und *FileSize* sowie die Prozedur *Flush* lassen sich nicht anwenden. Außerdem kann, wie schon erwähnt, auf eine Textdatei nur jeweils lesend oder schreibend zugegriffen werden.

8.4.2 Lesender Zugriff auf Textfiles

Für das Lesen von Zeichen, Zahlen oder Strings aus einem Textfile stehen die Standardprozeduren *Read* und *Readln* zur Verfügung. Der Aufruf *Read(Brief, Z)* liest das nächste Zeichen aus dem Textfile *Brief*, wenn es nicht die *Eoln*- oder die *EoF*-Marke ist, und weist es der *Char*-Variablen *Z* zu. Mit *Read(Brief, Zeile)* werden so viele Zeichen gelesen und der Stringvariablen *Zeile* zugewiesen, wie der maximalen Länge von *Zeile* entspricht, wenn nicht vorher *Eoln* oder *EoF* wahr sind.

Die Funktion *Eoln* liefert beim Aufruf *Eoln (Brief)* den Wert *True*, wenn die Zeile ganz gelesen wurde und der interne Zeiger auf die Zeilenendemarke als nächstes zu lesendes Zeichen weist.

Die Funktion *EoF* liefert mit *EoF (Brief)* den Wert *True*, wenn alle Zeilen von *Brief* gelesen sind und der Zeiger auf die Endmarkierung des Files zeigt.

In einem Textfile können auch Zahlen abgespeichert werden. Bei der Eingabe werden sie in eine Zeichenkette umgeformt (s. Prozedur *Str* in Abschnitt 8.2.6). Diese wird in einer eigenen Filezeile abgelegt und dann beim Aufruf *Read (Brief, Zahl)* automatisch in einen Zahlenwert (s. Prozedur *Val* in Abschnitt 8.2.7) umgewandelt.

Bei Textfiles kann zum Lesen neben *Read* auch *Readln* verwendet werden. Mit dem Aufruf *Readln (Brief, Zeile)* werden Zeichen vom Textfile *Brief* gelesen und der Variablen *Zeile* zugewiesen, bis die maximale Länge erreicht ist oder eine der Funktionen *EoF* und *Eoln* den Wert *True* liefert. Ist die Zeile des Textfile nicht vollständig gelesen worden, weil die maximale Länge nicht hinreichte, dann wird beim Lesen mit *Readln* der Rest der Zeile übersprungen. Beim nächsten Aufruf von *Read* oder *Readln* wird auf die nächste Zeile des File zugegriffen.

Erfolgt der Aufruf mit *Readln (Brief)* ohne Übergabe eines Variablennamens, dann werden alle Zeichen bis zur nächsten Zeilenendemarke (einschließlich) übersprungen.

Mit einem Aufruf von *Read* oder *Readln* können mehrere Werte auf einmal gelesen werden. Beim Aufruf der Prozeduren werden dann mehrere Variablennamen (vom entsprechenden Typ) angegeben.

8.4.3 Schreibender Zugriff auf Textfiles

Das Schreiben von Zeichen, Zahlen, Wahrheitswerten und Strings in einen Textfile erfolgt mit den Prozeduren *Write* und *Writeln*. Mit dem Aufruf *Write (Brief, Zeile)* wird der Wert von *Zeile* in den Textfile *Brief* geschrieben. Man darf mehrere Variablen und auch *String*konstanten an die Prozedur übergeben. Steht im Prozeduraufruf eine Zahlenvariable, dann wird ihr Wert (wie schon erwähnt) vorher in einen String umgewandelt.

Die *Writeln* Prozedur schreibt zusätzlich eine Zeilenendmarke in den Textfile. Ruft man *Writeln(Brief)* ohne Variablen oder *String*konstanten auf, dann wird nur die Marke gesetzt und die Zeile bleibt leer.

Für die übergebenen Parameter sind Formatangaben zulässig. Mit Doppelpunkt : und ganzer Zahl *n* hinter einer Variablen kann man festlegen, daß ihr Wert rechtsbündig in ein Feld mit *n* Plätzen geschrieben wird. Diese Formatierung ist wichtig z.B. für die Ausgabe auf dem Bildschirm, sie wurde schon in Abschnitt 4.4.2.2 beschrieben.

8.4.4 Zugriff auf externe Geräte

In *Turbo Pascal* werden externe Geräte wie Terminal, Tastatur, Bildschirm, Diskettenlaufwerk oder Drucker wie Textdateien behandelt. Folgende Namen von Geräteeinheiten können verwendet werden:

Name	Einheit	Hinweise
TRM:	Terminal	Eingabe erfolgt über Tastatur, Ausgabe über Bildschirm. Eingegebene Zeichen (außer Kontrollzeichen) werden sofort auf dem Bildschirm ausgegeben (Echoausgabe).
CON:	Konsole	Eingabe erfolgt über Tastatur, Ausgabe über Bildschirm. Die Eingabe läuft gepuffert ab, so daß ediert werden kann.
KBD:	Keyboard	Eingabe erfolgt ohne Echoausgabe über Tastatur.
LST:	Drucker	Ausgabe erfolgt über den Drucker.

Mit den angegebenen Filenamen kann man auf die Geräteeinheiten zugreifen. Die Namen lassen sich auch Variablen vom Typ *Textfile* zuweisen.

Hinweis: Die Funktionen *Eoln* und *EoF* arbeiten bei den Gerätefiles anders als bei sonstigen Textfiles. Dort liefert *EoF* den Wert *True,* wenn das nächstfolgende Zeichen eine Endmarke ist. Ein solches „Voraussehen" ist bei Gerätefiles nicht möglich, etwa bei der Eingabe über Tastatur. Daher liefert *EoF* den Wert *True,* wenn das letzte gelesene Zeichen die Endmarke war. Entsprechendes gilt für *Eoln.* Damit verändert sich auch die Ausführung der Prozedur *Readln.* Genauere Informationen entnehmen Sie bitte dem Handbuch von *Turbo Pascal.*

8.4.5 Standard-Textfiles

Turbo Pascal stellt eine Reihe von Textfiles zur Verfügung, die schon bestimmten Geräten zugeordnet und für den Zugriff vorbereitet sind. Der Benutzer braucht sie nicht vor dem Zugriff zu öffnen oder nach der Verwendung zu schließen.

Eine Anwendung der Prozeduren *Assign, Rewrite, Reset* und *Close* auf die folgenden Textfiles ist nicht nur unnötig, sondern sogar unzulässig:

Textfile	Hinweise
Input	ist der vorrangige Eingabefile.
	Er wird im allgemeinen der Konsole oder dem Terminal zugeordnet.
Output	ist der vorrangige Ausgabefile.
	Er wird im allgemeinen der Konsole oder dem Terminal zugeordnet.
Con	wird der Konsole zugeordnet.
Trm	wird dem Terminal zugeordnet.
Kbd	wird der Tastatur (Keyboard) zugeordnet.
Lst	wird dem Drucker zugeordnet.

Welcher Geräteeinheit die Files *Input* und *Output* zugeordnet werden, kann der Benutzer mit der Compilerdirektive B entscheiden. Sie ist mit (*$B+*) voreingestellt und ordnet die Files der Konsole zu (s. Abschnitt 9.4). Dann bietet der Eingabepuffer bei der Eingabe die Möglichkeit zum (eingeschränkten) Edieren. Der Benutzer kann am Beginn eines Programmblocks (*$B−*) setzen und damit die Files *Input* und *Output* dem Terminal zuordnen. Diese Zuordnung gilt für den ganzen Block. Will man irgendwo eine andere Zuordnung herstellen, muß man den entsprechenden Textfile explizit im Aufruf angeben.

Beispiele für die Zuordnung der Geräteeinheiten: Ist (*$B−*) eingestellt, dann bewirken die Eingabeanweisungen ...

Readln (Zeile)   eine Eingabe vom Terminal.
Readln (Con, Zeile)   eine Eingabe von der Konsole.
Read (Kbd, Zeichen)   eine Eingabe vom Keyboard (Tastatur) ohne Echo
                        auf dem Bildschirm.

Die letzte Möglichkeit wählt man z. B. bei Eingaben, bei denen man zunächst überprüfen will, ob das Zeichen zugelassen ist, bevor man es auf dem Bildschirm ausgeben läßt. Das ist in vielen Programmbeispielen so gemacht worden.

Input und *Output* sind die vorrangigen Eingabe- und Ausgabefiles. Wenn beim Aufruf der *Read-* oder *Write*-Prozedur kein Textfile genannt wird, wird doch auf einen Textfile zugegriffen. Dann gilt durch Voreinstellung z. B.:

Read (Zeile) wird interpretiert als *Read (Input, Zeile)*.
Writeln (Zeile) wird interpretiert als *Writeln (Output, Zeile)*.
Eoln wird interpretiert als *Eoln (Input)*.

8.4.6 Ein- und Ausgabekontrolle *(IOResult)*

Mit der Compiler-Direktive I läßt sich eine Überwachung der Ein- und Ausgabevorgänge einstellen (s. Abschnitt 9.4). Ist die Direktive mit (*$SI+*) aktiviert, das ist die Voreinstellung, dann wird jede Eingabe und Ausgabe auf Fehler z. B. in der Typverträglichkeit überprüft. Ein Fehler verursacht einen Abbruch des Ablaufs mit einer Meldung über die Art des Fehlers.

Ist die automatische Fehlerkontrolle mit (*$I−*) ausgeschaltet, dann bewirkt ein Fehler bei der Ein- oder Ausgabe keinen Programmabbruch. Doch werden alle nachfolgenden Ein- und Ausgabevorgänge so lange unterbunden, bis die Funktion *IOResult* aufgerufen wird. Der Aufruf dieser Funktion liefert den Wert 0, wenn kein Fehler auftrat, sonst einen anderen Wert. Ein Aufruf von *IOResult* hebt die Ein- und Ausgabesperre wieder auf.

Hat der Programmierer für ein Programm die Überwachung mit (*$I−*) ausgeschaltet, dann sollte er allen Anweisungen, bei denen Fehler auftreten können, einen Aufruf von *IOResult* folgen lassen. Damit kann er Folgefehler vermeiden.

Folgende Prozeduren sind mit *IOResult* zu überprüfen:

Assign, BlockRead, BlockWrite, Chain, Close, Execute, Erase, Flush, Read, Readln, Rename, Reset, Rewrite, Seek, Write und Writeln.

Die Funktion *IOResult* läßt sich immer dann einsetzen, wenn man vermeiden möchte, daß ein Eingabefehler zum Programmabbruch führt. Ein Beispiel dafür wurde schon in Abschnitt 7.4.3.9 besprochen. Dort wurde die Funktion *Vorhanden* entwickelt, mit der sich vermeiden läßt, daß ein schon vorhandener Filename erneut gewählt wird.

Ein weiteres Beispiel zeigt die Prozedur *FILENAME*, mit der ein Filename vorgegeben und dann ein File unter diesem Namen eingerichtet oder geöffnet wird. Wenn der Name noch nicht vorhanden ist, dann erfolgt bei *Reset*, wenn die Kontrolle eingeschaltet ist, ein Programmabbruch. Mit dem Abschalten der Kontrolle durch (*$I−*) und die Abfrage mit *IOResult* läßt sich der Abbruch vermeiden und die Eingabe wiederholen.

```
Procedure Filewahl;
Var   Name : String (.8.);
      Fehler : Boolean;
      Z : Char;
      I, Zeichenzahl : Byte;
Begin Kopf2 ('Programmdrucker − Auswahl des Filenamens');
      T (7,3, 'Das Programm ist in einem File auf der Diskette abgelegt.');
      T (8,3, 'Bitte geben Sie für diesen File den Namen an,');
      T (9,3, 'er darf bis zu 8 Zeichen haben und muß mit einem');
      T (10,3, 'Buchstaben anfangen.');
```

```
T(11,3, 'An den Namen fügt das Programm die Ergänzung .PAS');
T(12,3, '(für Pascalprogramm) an.');
Repeat Leer (14,23); Name := '';
   T(14,7, 'Filename: '); Ende := False;
   Repeat Read (Kbd,Z); Z := Upcase (Z);
   until Z in ('A'..'Z', #13.);
   If Ord (Z) = 13 then Ende := True;
   If not Ende
      then Begin Write (Z); Name := Name + Z;
         Zeichenzahl := 1;
         While (Ord (Z) <> 13) and (Zeichenzahl < 8) do
            Begin Zeichenzahl := Zeichenzahl + 1;
            Repeat Read (Kbd,Z); Z := Upcase (Z);
            until Z in ('A'..'Z', '_', #13, '0'..'9'.);
            If Ord (Z) <> 13
               then Begin Write (Z); Name := Name + Z; End; End;
         Filename := Name + '.PAS';
         T(17,3, 'Der Filename ist ' + Filename + '.');
         T(18,3, 'Ist der Name so in Ordnung ? sonst N ');
         Read (Kbd,Z); Z := Upcase (Z);
         If Z <> 'N'
            then Begin
               Assign (Datei, Filename);
               (* $I- *) Reset (Datei) (* $I+ *);
               Fehler := IOResult <> 0;
               If Fehler
                  then T(22,3, 'Ein Programm ' + Filename + ' ist nicht vorhanden.'
                  else  T(22,3, 'Das Programm ' + Filename + ' ist vorhanden.');
               Delay (1000); End
            else Fehler := True; End
      else Begin T(19,3, 'Damit brechen Sie die Wahl des Filenamens ab !');
         T(20,3, 'Wollen Sie einen neuen Namen eingeben ? sonst N ');
         Read (Kbd,Antwort); Antwort := Upcase (Antwort);
         If Antwort = 'N' then Ende := True End
   until not Fehler or Ende;
End;     (* Filewahl *)
```

Das Beispiel zeigt, daß die Compilerdirektive I im Gegensatz zu anderen
Direktiven (s. Abschnitt 9.4) nicht für den ganzen Block gilt, sondern innerhalb des Blocks ein- und umgestellt werden kann.

8.5 Untypisierte Files

Bei untypisierten Files fehlt die Angabe eines Komponententyps in der Deklaration der Variablen:

Var Daten:File;

Es handelt sich um einen File, der zur schnelleren Datenübertragung zwischen der Diskette und einer beliebigen Variablen eingesetzt wird. Die Übertragung geschieht in Blöcken von 128 Byte Länge. Man kann einen nicht typisierten File zur Übertragung von und nach allen Diskettenfiles einsetzen, er ist mit Files aller Typen kompatibel.

Nicht typisierte Files werden wie andere Files eingerichtet, vor einem Zugriff geöffnet und nach Abschluß der Bearbeitung geschlossen. Folgende Anweisungen sind dazu erlaubt:

Assign (Daten, FileName);
Rewrite (Daten);
Reset (Daten);
Close (Daten);

Ein Zugriff durch die Prozeduren *Read, Write* und *Flush* ist nicht möglich. Der lesende Zugriff erfolgt durch die gesonderte Prozedur *BlockRead* und der schreibende durch *BlockWrite.* Mit dem Aufruf

BlockRead (Daten, Var, Anzahl);

werden von dem File, dessen Name *Daten* zugewiesen wurde, so viele Blöcke an die (beliebige) Variable *Var* übertragen, wie in *Anzahl* angegeben ist. Der Programmierer muß dafür sorgen, daß der benötigte Platz von der Variablen *Var* freigehalten wird. Mit

BlockWrite (Daten, Var, Anzahl);

werden entsprechend Blöcke von *Var* nach *Daten* überschrieben. Die Datenübertragung mit *BlockRead* und *BlockWrite* ist besonders schnell.

9 Weitere Konzepte von Turbo Pascal

Zum Abschluß der Einführung in *Turbo Pascal* sollen einige zusätzliche Sprachkonzepte vorgestellt werden. Darunter sind einige sehr nützliche Erweiterungen gegenüber dem Standard *Pascal*.

9.1 Zeigertyp (*Pointer*)

Umfangreiche Datenmengen lassen sich effizienter und ökonomischer verwalten, wenn man dynamische Datenstrukturen verwendet. Beispiele für dynamische Datenstrukturen sind verkettete Listen und Bäume.

Auf die in einer verketteten Liste gespeicherten Datensätze läßt sich nicht direkt mit Namen zugreifen. Der Zugriff auf die Datensätze geschieht mit Zeigervariablen, denen die Adressen der Speicherplätze zugewiesen werden. Wie man mit Zeigervariablen umgeht, soll an einem Demonstrationsprogramm *LISTE* gezeigt werden. Das Programm *LISTE* steuert die Eingabe von Namen und ihre lexikographische Einordnung in eine Namenliste. Die Liste ist mit Zeigern verkettet, und alle Zugriffe auf die Liste geschehen durch die Zeiger.

9.1.1 Definition von Pointern

Für Zeigervariablen gibt es in *Turbo Pascal* einen besonderen Typ, den *Pointer*typ. Ein *Pointer*typ wird immer in bezug auf den Typ der zu verwaltenden Datensätze mit einem vorangehenden Pfeilsymbol ^ definiert. Es ist bemerkenswert, daß in der Definition ein Bezeichner vorkommt, der erst danach deklariert wird.

Der folgende Deklarationsteil liegt den Prozeduren zugrunde, die den Einsatz von Zeigervariablen zeigen sollen. Hier besteht der Datensatz zur Vereinfachung nur aus einem Namen, im allgemeinen wird dort ein komplexer Verbund stehen.

```
Type Zeiger=^Eintrag;
     String18=String(.18.);
     Eintrag=Record
          Name:String18;
          ZNach:Zeiger;     (* zeigt auf folgenden Satz *)
          End;
```

```
Var  ZAnfang:Zeiger;      (* zeigt auf ersten Satz *)
     ZLauf:Zeiger;        (* zeigt auf aktuellen Satz *)
     N:String18;          (* zur Aufnahme von Namen *)
     Datei:File of String18;
     Filename:String(.12.);
     Antwort,Wahl:Char;
```

Für das Abspeichern der Namen auf der Diskette wird ein File vom Komponententyp *String*18 eingerichtet. Man hätte auch den Standardtyp *Text* nehmen können.

9.1.2 Aufnahme eines neuen Datensatzes (*New*)

Bevor ein neuer Datensatz in die Liste aufgenommen werden kann, muß ein Platz dafür bereitgestellt werden. Das geschieht mit der Standardprozedur *New*. Der Aufruf *New (ZNeu)* liefert mittelbar eine neue Variable vom Typ *Eintrag*. Auf sie kann man mit dem Zeiger *ZNeu* zugreifen.

Mit den folgenden Prozeduren *Eingeben* und *Einfuegen* wird ein neuer Name (allgemein ein neuer Datensatz) aufgenommen und nach dem Alphabet in die Liste eingefügt. Das alphabetische Einordnen wird mit den Zeigern gesteuert. Die Prozeduren sind unter dem Namen *LISTE*1 im Unterverzeichnis *PROZEDUR* abgelegt.

```
Procedure Init;          (* initialisiert Liste und ihre Pointer *)
Begin
   New (ZAnfang);
   ZAnfang:=Nil;
End;           (* Init *)
Procedure Einfuegen (N:String18);
Var  ZNeu:Zeiger;
     ZVor:Zeiger;
Begin
   T(18,14,'Der Name '+N+' wird in die Liste eingefügt.');
   New(ZNeu);
   ZNeu^.Name:=N;
   ZNeu^.ZNach:=Nil;
   If ZAnfang=Nil
      then ZAnfang:=ZNeu
      else Begin ZLauf:=ZAnfang;
         While (ZLauf^.Name<N) and (ZLauf<>Nil) do
            Begin ZVor:=ZLauf;
            ZLauf:=ZLauf^.ZNach End;
         If ZLauf^.Name=N
            then T(18,14,'Der Name '+N+' ist schon in der Liste vorhanden.')
```

```
        else Begin ZNeu^.ZNach := ZLauf;
            If ZLauf=ZAnfang
                then ZAnfang := ZNeu
                else ZVor^.ZNach := ZNeu End;
    End;
  Delay (1500); Leer (18,18);
End;        (* Einfuegen *)
Procedure Eingeben;
Begin
  Kopf2 ('Verkettete Liste — Eingabe neuer Namen');
  T (7,3, 'Die Liste der Namen wird vom Programm alphabetisch geordnet.');
  T (8,3, 'Achten Sie bei der Eingabe darauf, daß die Namen mit');
  T (9,3, 'einem großen Buchstaben beginnen, sonst werden sie');
  T (10,3 'nicht in die Liste aufgenommen.');
  T (12,3 'Bitte geben Sie die Namen ein, zum Abschluß #.');
  T (14,13, 'Name:'); Readln (N);
  While N <> '#' do
    Begin
    If (N <> '') and (N(.1.) in (.'A'..'Z'.))
        then Einfuegen (N);          (* fügt Namen in Liste ein *)
    Leer (14,14); T (14,13, 'Name:'); Readln (N) End;
  End;        (* Eingeben *)
```

Das Beispiel zeigt: Auf Zeigervariablen gleichen Typs lassen sich Zuweisungs-operator und Vergleichsoperatoren anwenden. Der Zeiger *Nil* wird verwendet, um das Ende der Liste anzuzeigen. Er steht für einen Zeiger (beliebigen Typs), der auf keinen Datensatz zeigt.

Die Verwendung von *Nil* zeigt auch die folgende Prozedur, mit der alle Namen der Liste ausgegeben werden. Sie ist unter dem Namen *LISTE2* abgelegt.

```
Procedure Ausgeben;
Var Nr: Integer;
Begin
  Kopf2 ('Verkettete Liste — Ausgabe der Namen');
  ZLauf := ZAnfang;
  If ZLauf=Nil
    then T (12,3, 'Die Liste ist leer ...')
    else Begin
      T (7,3, 'Die Namen der Liste werden ausgegeben ...');
      Zk (8,2,40, '—');
      C (9,1); Nr := 0;
      While ZLauf <> Nil do
        Begin Nr := Nr+1;
        Writeln (Nr:4, '. ',ZLauf^.Name);
        ZLauf := ZLauf^.ZNach;
```

```
            If Nr mod 20 = 0
               then Weiter;
            End;  (* While *)
        End;      (* If *)
    Weiter
End;     (* Ausgeben *)
```

Die Ausgabe wird nach jeweils 20 Namen unterbrochen, damit man sie in Ruhe ansehen kann.

9.1.3 Freigabe eines Platzes (*Dispose*)

Wird ein Datensatz aus der Liste entfernt und wird der Platz nicht mehr benötigt, setzt man die Standardprozedur *Dispose* ein. Der Aufruf *Dispose(Za)* stellt den Platz des Datensatzes, auf den *Za* zeigt, wieder zur Verfügung. Dies sollte man immer dann tun, wenn man einen Datensatz durch Verändern der Zeiger aus der Liste gelöscht hat. Wie man vorgeht, ist in der Prozedur *Herausnehmen* unter *LISTE3* gezeigt:

```
Procedure Herausnehmen (N:String18);
Var ZVor:Zeiger;
Begin
  If ZAnfang=Nil
    then T(18,14, 'Die Liste ist leer !')
    else Begin ZLauf:=ZAnfang;
       While (ZLauf^.Name <N) and (ZLauf<> Nil) do
          Begin ZVor:=ZLauf;
          ZLauf:=ZLauf^.ZNach End;
       If ZLauf^.Name <>N
          then T(18,14, 'Der Name '+N+' ist nicht in der Liste vorhanden.')
          else Begin ZVor^.ZNach:=ZLauf^.ZNach;
             Dispose(ZLauf);
             T(18,14, 'Der Name '+N+' ist gelöscht.'); End;
       End;
  Delay(1500); Leer(18,18);
End;     (* Herausnehmen *)
Procedure Loeschen;
Begin
  Kopf2 ('Verkettete Liste – Löschen von Namen');
  T(7,3, 'Aus der Liste können darin enthaltene Namen gelöscht werden.');
  T(8,3, 'Achten Sie bei der Eingabe der Namen darauf, mit einem');
  T(9,3, 'großen Buchstaben zu beginnen.');
  T(12,3, 'Bitte geben Sie den zu löschenden Namen ein (Abbruch mit #).');
  T(14,13, 'Name:'); Readln(N);
  While N <>'#' do
```

```
        Begin
        If (N <> ' ') and (N(.1.) in (.'A'..'Z'.))
          then Herausnehmen (N);        (* löscht Namen aus der Liste *)
          Leer (14,14); T (14,13,'Name:'); Readln (N) End;
        End;        (* Loeschen *)
```

Zum Freigeben können in Turbo Pascal auch die Standardprozeduren *Mark* und *Release* eingesetzt werden. Sie greifen auf den Stapel zu, in dem die Adressen verwaltet werden. Mit *Mark (Za)* weist man den Wert des Stapelzeigers der Zeigervariablen *Za* zu. Dann gibt der Aufruf *Release (Za)* alle Speicherplätze oberhalb dieser Adresse frei. Während mit *Dispose* genau ein Platz freigegeben wird, setzen *Mark* und *Release* einen ganzen Platzbereich frei.

Man darf nicht *Dispose* und *Mark/Release* miteinander verwenden. In einem Programm darf nur eins der Verfahren zum Freigeben dynamischer Variablen eingesetzt werden.

Ein letztes Beispiel für die Anwendung von Zeigern sind die Prozeduren zum Laden und Speichern unter LISTE4 im Unterverzeichnis PROZEDUR.

```
Procedure Laden;
Vor ZNeu:Zeiger;
Begin
    Kopf2 ('Verkettete Liste — Laden der Namen von Diskette');
    Assign (Datei, Filename);
    T (12,3, 'Die Namen werden von '+Filename+' geladen ...');
    Reset (Datei);
    While not Eof(Datei) do
      Begin New (ZNeu);
      Read (Datei, ZNeu^.Name);
      ZNeu^.ZNach := Nil;
      If ZAnfang=Nil
        then Begin ZAnfang := ZNeu;
          ZLauf := ZAnfang End
        else Begin ZLauf^.ZNach := ZNeu;
          ZLauf := ZNeu End;
      End;
    Close (Datei);
    T (18,40, '... Laden beendet.');
    Delay (1500);
End;        (* Laden *)
Procedure Speichern;
Begin
    Kopf2 ('Verkettete Liste — Speichern der Namen auf Diskette');
    T (12,3, 'Die Liste wird in '+Filename+' abgespeichert ...');
    Assign (Datei, Filename);
    Rewrite (Datei);
```

```
    ZLauf:=ZAnfang;
    While ZLauf<>Nil do
       Begin Write (Datei, ZLauf^.Name);
          ZLauf:=ZLauf^.ZNach End;
       Close (Datei);
       T(18,40, '... Speichern beendet.');
       Delay (1500);
  End;     (* Speichern *)
```

9.2 Typisierte Konstanten

Für Variablen gilt allgemein: Bei der Deklaration ist ihr Wert undefiniert. Erst mit einer Wertzuweisung erhält die Variable einen Wert, sie wird initialisiert.

Typisierte Konstanten lassen sich als initialisierte Variablen ansehen, d. h. als Variablen, denen mit der Deklaration ein Anfangswert zugewiesen wird. Man kann sie wie andere Variablen verwenden, kann ihnen insbesondere auch einen neuen Wert zuweisen. Das sollte man natürlich vermeiden, wenn man sie als Konstanten einsetzen möchte.

Als Typen für typisierte Konstanten sind alle einfachen und strukturierten Datentypen mit Ausnahme des *File*typs und des *Pointer*typs zugelassen.

9.2.1 Unstrukturierte typisierte Konstanten

Typisierte Konstanten werden wie andere Konstanten deklariert (s. Abschnitt 4.2.1), an den Namen wird aber mit Doppelpunkt : der Typ angefügt. Beispiele für die Deklaration unstrukturierter typisierter Konstanten:

```
Const   Anzahl:Integer=458;
        MWS:Real=0.14;
        Titel:String80='Turbo Pascal';
        Steuerzeichen:Char='#';
```

Die deklarierten Konstanten können wie Variable eingesetzt werden, sie können insbesondere auch als Variablenparameter dienen. Sie lassen sich nicht (wie andere Konstanten) in der Definition neuer Typen verwenden. So ist die folgende Bereichsabgrenzung nicht zulässig.

```
Const   Min:Integer=0;
        Max:Integer=500;
Type Liste=Array(.Min..Max.) of Name;
```

9.2.2 *Array*-Konstanten

In der Deklaration von *Array*-Konstanten läßt sich ein vorher definierter *Array*typ verwenden. Den Wert gibt man an, indem man die Werte der Komponenten auflistet.

Beispiel für die Deklaration von *Array*-Konstanten:

> *Type Tag=(Mo,Di,Mi,Dn,Fr,Sa,So);*
> *Tagname=Array(.Tag.) of String(.2.);*
> *Const T: Tagname=(*'Mo','Di','Mi','Dn','Fr','Sa','So'*);*

Die Komponenten von *T* sind *T(.Mo.)* = 'Mo', *T(.Di.)* = 'Di' usw. Man kann die Konstante *T* z. B. dann verwenden, wenn man die Namen der Tage ausgeben will.

Konstanten von Arrays mit dem Komponententyp *Char* lassen sich vereinfacht deklarieren. Die folgenden Deklarationen sind gleichwertig:

> *Const Ziffer: Array (.1..10.) of Char=*
> ('0','1','2','3','4','5','6','7','8','9');
> *Const Ziffer:Array (.1..10.) of Char=*'0123456789';

Array-Konstanten lassen sich einsetzen, wenn man initialisierte Tabellen oder Testwertlisten braucht. Bei der Deklaration kann man auch mehrdimensionale Arrays als Typ verwenden.

9.2.3 *Record*-Konstanten

Bei der Deklaration von *Record*-Konstanten lassen sich alle *Record*typen einsetzen, die vorher definiert wurden. Der Wert wird durch eine Liste von Feldkonstanten angegeben.

Beispiel für die Deklaration einer *Record*-Konstanten:

> *Type Ziffer* = '0'..'9';
> *Kunde=Record*
> *Nr:Integer;*
> *Name:String(.20.);*
> *PLZ:Array (.1..4.) of Ziffer;*
> *Ort: String(.20.);*
> *End;*
> *Const Stamm:Kunde=*
> (*Nr:* 18;*Name:* 'Schmidt';*PLZ:* '2000';*Ort:* 'Hamburg');

Die Feldkonstanten werden in der gleichen Reihenfolge angegeben, wie sie in der Recorddefinition vorkommen.

9.2.4 Mengen-Konstanten

Für Mengen-Konstanten können alle Mengentypen verwendet werden, die vorher definiert wurden. Die Werte werden durch Auflisten angegeben.
Beispiel für die Deklaration von Mengen-Konstanten:

> *Type Grossbuchstabe=Set of 'A' .. 'Z';*
> *Kleinbuchstabe=Set of 'a' .. 'z';*
> *Const Gross:Grossbuchstabe=(.'A'..'Z'.);*
> *Vokal:Kleinbuchstabe=(.'a','e','i','o','u'.);*
> *Satzzeichen:Set of Char=(.'.',',','!',';',':','?'.);*

9.3 Erweiterung von Programmen

Der Umfang von Programmen ist durch die Aufnahmefähigkeit des Workfiles und den Platzbedarf beim Compilieren begrenzt. *Turbo Pascal* bietet Möglichkeiten an, weitaus größere Programme zu erstellen. Man kann Programme in einzelne Teile aufgliedern und diese auf die Diskette auslagern.

9.3.1 Include-Files

Mit der Compilerdirektive I läßt sich ein Programmteil, der auf der Diskette abgelegt ist, beim Compilieren hinzuladen und in das (compilierte) Programm einbinden. Wie man diese Direktive einsetzt, soll am Beispiel einer Prozedur *Drucker* erläutert werden. Man möchte sie in verschiedenen Programmen verwenden und speichert sie mit dem Filenamen *ProzDr.Pas* auf der Diskette ab.

In einem beliebigen Programm kann man sie mit der Direktive I folgendermaßen einbinden:

> (*$I *ProzDr.Pas* *)

Zur Schreibweise: Die Direktive wird wie ein Kommentar in geschweifte Klammern oder Klammern mit Stern eingeschlossen. An den Buchstaben I (für Include) schließt man den Namen des Files an, in dem die einzubindende Prozedur enthalten ist. Der Filename muß unmittelbar auf den Direktiven-Buchstaben I folgen. Wird kein Typ für den File angegebenen, dann wird automatisch *.PAS* angefügt.

Diese Einbindungsdirektive kann (wie jeder Kommentar) an beliebiger Stelle in das aufrufende Programm eingesetzt werden, sie muß aber vor dem ersten Aufruf der Prozedur *Drucker* stehen.

Die Verwendung von Include-Files hat nicht nur den Vorzug, daß umfangreichere Programme geschrieben werden können. Ein weiterer Vorzug liegt darin, daß man grundlegende Programmteile und nützliche Prozeduren in verschiedene Programme einbinden kann. Man kann sich eine Sammlung von Inlcude-Files anlegen und bei Bedarf darauf zurückgreifen.

Als Beispiel für einen Include-File, der sich häufig einsetzen läßt, sei die Funktion angegeben, mit der sich Strings in Großschrift umsetzen lassen:

```
Function Gross (Zeile: String255): String255;
Var I: Integer;
Begin For I := 1 to Length (Zeile) do
        Zeile (.I.) := UpCase (Zeile (.I.);
      Gross := Zeile;
End  (* Gross *);
```

Wird diese Funktion unter dem Namen *FktGross.Pas* auf der Diskette abgelegt, kann man sie mit (*$I*FktGross**) in jedes Programm, das den Typ *String255* mit *String*(.255.) definiert hat, einbinden und von dort mit *Gross(Wort)* oder *Gross(FileName)* aufrufen.

Ein Beispiel für das Einbeziehen von Include-Files finden Sie auf der Diskette unter dem Namen *LISTE_I*. In dieses Programm werden die Files *PRZKOPF.INC* und *PRZFILE.INC* eingebunden.

Hinweis: Include-Files können nicht geschachtelt werden, d. h. in einen Include-File läßt sich kein weiterer einbinden.

Bei der Erstellung von Include-Files läßt sich ausnutzen, daß in Turbo Pascal ein Mainfile vorgegeben werden kann (s. Abschnitt 2.2.3). Bei der Arbeit an einer Prozedur kann man das Programm, in das sie eingebunden werden soll, als Mainfile festlegen. Dann wird das Testen dieser Prozedur durch das Sprachsystem stark unterstützt, indem bei jedem Aufruf des Compilers zuerst der Workfile abgespeichert und der Mainfile zugeladen wird. Wird beim Compilieren ein Fehler entdeckt, dann wird der Programmteil, in dem er auftritt, zum Edieren bereitgestellt.

9.3.2 *Overlay*-Technik

Der Grundgedanke der *Overlay*-Technik besteht darin, daß eine Reihe von Teilprogrammen (Prozeduren, Funktionen) in einen *Overlay*-File ausgelagert wird. Diese Teilprogramme werden dann beim Programmablauf automatisch hinzugeladen, und zwar nacheinander in den gleichen Bereich des Arbeitsspeichers. Durch diese Mehrfachnutzung läßt sich der verfügbare Speicherplatz besser nutzen, und man kann Programme schreiben, deren Gesamtumfang über die Kapazität des Arbeitsspeichers hinausgeht.

Der Benutzer kennzeichnet Teilprogramme, die in einen *Overlay*-File ausgelagert werden sollen, mit dem reservierten Wort *Overlay*.

Beispiele für die Deklaration von *Overlay*-Programmteilen:

> *Overlay Procedure Anfangswerte;*
> *Begin* Anweisungen *End;*
> *Overlay Function Gross (Wort: String20):String20;*
> *Begin* Anweisungen; *Gross* := ...; *End;*

Wenn der Compiler auf eine *Overlay*-Deklaration trifft, wird der erzeugte Code an einen gesonderten *Overlay*-File (unter dem gleichen Namen wie der Mainfile mit der Typkennzeichnung *.OVR*) abgespeichert. Aufeinanderfolgend deklarierte *Overlay*-Programmteile werden zu einer Gruppe zusammengefaßt und im gleichen *Overlay*-File abgelegt.

Im Hauptprogramm wird für jede Gruppe von *Overlay*-Teilprogrammen ein *Overlay*-Bereich reserviert, der so groß ist, daß er das umfangreichste der Teilprogramme dieser Gruppe aufnehmen kann. Ein geschickter Programmierer wird Gruppen mit möglichst vielen Teilprogrammen zusammenstellen. Für alle Teilprogramme zusammen wird dann im Arbeitsspeicher nur so viel Platz benötigt, wie das umfangreichste von ihnen erfordert.

Hinweise zur *Overlay*-Technik:

1. Man kann *Overlay*-Teilprogramme ineinander schachteln. In einem *Overlay*-Teilprogramm kann wieder ein Overlay-Teilprogramm enthalten sein. Dies darf aber nicht zur gleichen Gruppe gehören.

2. Der Einsatz von *Overlay*-Technik verlangsamt den Ablauf des Programms, da beim Zuladen auf die Diskette zugegriffen werden muß. Um den zusätzlichen Zeitaufwand in Grenzen zu halten, sollte ein *Overlay*-Teilprogramm nicht zu oft aufgerufen werden. Und wenn man es oft braucht, sollte zwischen den Aufrufen nicht ein anderes Teilprogramm derselben Gruppe aufgerufen werden.

3. Um die *Overlay*-Technik anwenden zu können, muß der Benutzer vor dem Compilieren die Option C oder H einstellen (s. Abschnitt 2.2.11). Mit der Voreinstellung M compilierte Programme können keine *Overlay*-Teilprogramme aufrufen.

4. *Overlay*-Teilprogramme können nicht vorwärts (mit *forward,* s. Abschnitt 6.5.3) deklariert werden. Diese Einschränkung läßt sich umgehen, indem man ein anderes Teilprogramm vorwärts deklariert und von diesem dann das *Overlay*-Teilprogramm aufruft.

5. *Overlay*-Prozeduren und *Overlay*-Funktionen können sich nicht rekursiv aufrufen. Diese Einschränkung läßt sich umgehen, indem man eine (normale) Prozedur oder Funktion mit rekursivem Aufruf versieht, von der aus dann ein *Overlay*-Teilprogramm aufgerufen wird.

9.3.3 Aufruf anderer Programme (*Chain* und *Execute*)

Turbo Pascal stellt die Prozeduren *Chain* und *Execute* zur Verfügung, mit
denen man von einem Programm aus andere Programme, die auf der Diskette abgelegt sind, starten kann.

Wie man die Prozedur *Chain* einsetzt, soll am Beispiel eines Textprogramms
gezeigt werden, das im File *PrgText.CHN* abgelegt ist. Im aufrufenden Programm seien folgende Deklarationen enthalten:

> *Var Programm:Text;*
> *FileName:String(.12.);*

Will man das Programm *Textbearbeitung* aufrufen, muß man zunächst den
Namen *PrgText.CHN* des Files der Variablen *Programm* zuweisen:

> *FileName* := 'PrgText.CHN';
> *Assign(Programm,FileName);*
> *Chain(Programm);*

Dabei wird man, um Laufzeitfehler zu vermeiden, die Funktion *IOResult*
einsetzen (s. Abschnitt 8.4.6).

Mit der Prozedur *Chain* lassen sich nur solche Programme starten, die mit der
Option *H* compiliert worden sind (s. Abschnitt 2.2.11). Sie sind an der Ergänzung *CHN* kenntlich. Solche Programme sind wie *COM*-Files in Maschinencode abgelegt, enthalten aber (im Gegensatz zu ihnen) nicht die *Turbo
Pascal*-Library. Sie können daher nicht vom Betriebssystem *MS-DOS* her
gestartet werden.

Mit der Prozedur *Execute* läßt sich von einem Programm aus ein anderes
starten, das als *COM*-File auf der Diskette abgelegt ist.

Beispiel:

> *Assign(Programm,* 'TTT2.COM');
> *Execute(Programm);*

Diesen Aufruf finden Sie im Programm *SPIELEXE.COM* auf der Diskette,
mit dem Sie Spiele aufrufen können. Hier wird das Spiel TicTacToe mit
dem Computer als Spielpartner gestartet.

Beim Compilieren des aufrufenden Programms ist zu beachten, daß (im
Zusatzmenü der Compileroption *0*, s. Abschnitt 2.2.10) hinreichend Speicherplatz für Programm und Daten vorgegeben wird. Wenn (wie im Beispiel) vom
aufgerufenen Programm wieder das aufrufende gestartet werden soll, gilt dies
für beide Programme.

Damit Sie das Spielprogramm *TTT2* betrachten können, ist es zusätzlich als
Quellprogramm mit dem Namen *TTT2.PAS* auf der Diskette abgelegt worden. Auch das Programm *SPIELEXE* finden Sie im Quellcode auf der Dis-

kette. Beachten Sie, daß dieses Programm auf den gleichen Includefile *PRZKOPF.INC* zugreift wie das Programm *LISTE_I*.

Hinweis 1: Beim Aufruf von *Execute* sollte man wie bei *Chain* mit dem Ausschalten der Direktive I und anschließender Abfrage der Funktion *IOResult* absichern, daß kein Laufzeitfehler entsteht, wenn es kein Programm mit dem angegebenen Namen auf der Diskette gibt.

Hinweis 2: Die Prozeduren *Chain* und *Execute* lassen sich nicht von Programmen aufrufen, die unter der (voreingestellten) Option *M* compiliert wurden.

9.4 Einige Compilerdirektiven

Der Compiler von Turbo Pascal wird durch Direktiven gesteuert. Eine Compilerdirektive wird (wie ein Kommentar) in geschweiften Klammern bzw. in (* und *) an beliebiger Stelle ins Programm eingefügt. Beachten Sie bitte, daß keine Leerzeichen darin vorkommen dürfen. Die Direktiven werden mit einem Buchstaben gekennzeichnet. Mit einem Pluszeichen wird angezeigt, daß die Direktive aktiviert wird, mit einem Minuszeichen wird sie außer Kraft gesetzt.

Der Programmierer kann die voreingestellten Compilerdirektiven ändern und damit den Ablauf seines Programms beeinflussen. Einige Direktiven sind schon besprochen worden, hier wird eine abschließende Übersicht über die verfügbaren Direktiven und ihre Wirkung gegeben.

9.4.1 Auswahl der Geräteeinheit B

Voreinstellung (*\$B+*): Den Eingabe- und Ausgabefiles *Input* und *Output* ist die Konsole *CON* zugeordnet.

(*\$B−*): Den Files ist das Terminal *TRM* zugewiesen.

Eine genauere Darstellung enthalten die Abschnitte 8.4.4 und 8.4.5. Die Einstellung von B gilt für das ganze Programm und läßt sich nicht im Programm verändern.

9.4.2 Interpretation von Steuerzeichen C

Voreinstellung (*\$C+*): Ein <Ctrl> <C> unterbricht als Antwort auf eine *Read*- oder *Readln*-Anweisung die Programmausführung.

Ein <Ctrl> <S> schaltet die Bildschirmausgabe an und aus, die Bildschirmausgabe ist damit etwas verlangsamt.

(*\$C−*): Die Steuerzeichen haben keine Wirkung.

Die Einstellung von C gilt für das ganze Programm und läßt sich nicht im
Programm verändern.

9.4.3 Anzahl offener Files F

Voreinstellung (*$F16*): Es dürfen bis zu 16 Files gleichzeitig für den
Zugriff geöffnet sein. Diese Zahl kann man erhöhen, indem man z.B. (*$F30*)
einstellt. Das muß vor der Deklaration der *File*variablen geschehen.

9.4.4 Fehlerkontrolle und Include I

Voreinstellung (*$I+*): Alle Ein- und Ausgabevorgänge werden auf Fehler
überprüft. Bei einem *I/0*-Fehler bricht das Programm ab. (*$I−*): Der
Programmablauf bricht bei einem Fehler nicht ab. Der Programmierer kann
aufgetretene Fehler durch die Funktion *IOResult* überprüfen. Eine genauere
Beschreibung finden Sie in Abschnitt 8.4.6.
(*$IFileName*): Der genannte File wird in die Compilierung einbezogen
(s. Abschnitt 9.3.1).

9.4.5 Bereichsprüfung R

Voreinstellung (*$R−*): Beim Ablauf werden die berechneten Indizes nicht
daraufhin überprüft, ob sie im zulässigen Bereich liegen, das gleiche gilt für
Zuweisungen an skalare und Teilbereichsvariablen.
(*$R+*): Eine Überprüfung findet statt. Der Programmierer sollte diese
Kontrolle einstellen, bis sein Programm fehlerfrei läuft. Dann kann er zur
Voreinstellung zurückgehen. Weitere Hinweise finden sich im Abschnitt
7.1.

9.4.6 Benutzerunterbrechung U

Voreinstellung (*$U−*): Der Benutzer kann den Ablauf nicht unterbrechen
wie bei U+.
(*$U+*): Mit <Ctrl> <C> kann der Benutzer den Ablauf des Programms
jederzeit unterbrechen. Allerdings wird die Ablaufgeschwindigkeit wesentlich verringert. Es ist zu empfehlen, in der Erprobungsphase mit U+ zu
arbeiten und dann zur Voreinstellung zurückzukehren.

9.4.7 Parameterprüfung V

Voreinstellung (*$V+*): Bei Strings, die an Variablenparameter übergeben werden, wird genau überprüft, ob die Länge stimmt.
(*$V−*): Die Parameterübergabe ist auch bei unterschiedlicher Länge möglich. Weitere Hinweise enthält Abschnitt 6.4.3.

Anhang

A Fehlermeldungen beim Compilieren

Die Fehler beim Compilieren werden mit einer Nummer und (wenn Sie die Frage: Include error messages (Y/N)? mit Y beantwortet haben) mit einer kurzen Beschreibung der Art des Fehlers angezeigt.

Die Fehlermeldungen werden hier (in deutscher Sprache) aufgelistet und (wo erforderlich) weiter erläutert. Die Auflistung läßt erkennen, wie genau der Fehler beschrieben wird. Das System *Turbo Pascal* unterstützt optimal die Korrektur von Fehlern. Nach der Anzeige des Fehlers auf dem Bildschirm wird der Benutzer aufgefordert, die ESC-Taste zu drücken. Damit gelangt er in den Editor, und der Cursor markiert die Stelle, an der sich der Fehler auswirkte. Damit läßt sich der Fehler sehr schnell auffinden und beheben.

01 ';' erwartet

02 ':' erwartet

03 ',' erwartet

04 '(' erwartet

05 ')' erwartet

06 '=' erwartet

07 ':=' erwartet

08 '(.' erwartet

09 '.)' erwartet

10 '.' erwartet

11 '..' erwartet

12 'Begin' erwartet

13 'do' erwartet

14 'End' erwartet

15 'of' erwartet

17 'then' erwartet

18 'to' oder 'downto' erwartet

20 Boolescher Term erwartet

21 *File*-Variable erwartet

22 *Integer*-Konstante erwartet

23 *Integer*-Term erwartet

24 *Integer*-Variable erwartet

25 Zahlenkonstante erwartet

26 Arithmetischer Term erwartet

27 Zahlenvariable erwartet

28 Zeigervariable erwartet

29 *Record*-Variable erwartet

30 Einfacher Typ erwartet

31 Einfacher Term erwartet

32 *String*-Konstante erwartet

33 *String*-Term erwartet

34 *String*-Variable erwartet

35 Textfile erwartet

36 Typ-Bezeichner erwartet

37 Untypisierter File erwartet

40 Label nicht deklariert

41 Bezeichner unbekannt oder Syntaxfehler
Der verwendete Name für Label, Typ, Konstante, Variable, Prozedur oder Funktion wurde nicht deklariert. Auch ein Syntaxfehler kann dazu führen, daß ein Objekt nicht erkannt wird.

42 Unbekannter Zeigertyp in vorangehehender Typdefinition
Eine vorangehende Zeigerdeklaration verweist auf einen nicht vorhandenen Typ.

43 Doppelte Verwendung eines Bezeichners oder eines Labels

44 Unverträgliche Typen
Bei einer Zuweisung stimmen die Typen des zugewiesenen Terms und der Variablen nicht überein.
Beim Aufruf einer Prozedur oder einer Funktion stimmen die Typen der formalen und der aktuellen Parameter nicht überein. Beim Zugriff auf ein Array ist der Typ des berechneten Index nicht vom vereinbarten Indextyp.
Die Typen der Operanden in einem Term sind nicht vereinbar.

45 Konstante außerhalb des zulässigen Bereichs

46 In einer Case-Anweisung passen Selektor und Werte nicht zusammen

47 Operandentyp(en) sind für Operator nicht zulässig

48 Ergebnistyp unzulässig

49 Stringlänge unzulässig

50 Länge der *String*-Konstanten paßt nicht zum Typ

51 Basistyp für Teilbereich nicht zulässig

52 Untere Grenze ist größer als die obere
   Die Ordnungszahl der unteren Grenze z. B. bei Indizes muß kleiner
   als die der oberen sein.

53 Reserviertes Wort
   Ein reserviertes Wort darf nicht als Bezeichner verwendet werden.

54 Unzulässige Wertzuweisung

55 *String*-Konstante ist länger als die Zeile

56 Fehler in einer *Integer*-Konstanten
   Die Schreibweise (s. Abschnitt 3.4) ist nicht korrekt. Der Bereich
   − 32768..+ 32767 wird überschritten.

57 Fehler in einer *Real*-Konstanten

58 Unzulässiges Zeichen im Bezeichner

60 Konstanten hier nicht zulässig

61 Files und Zeiger hier nicht zulässig

62 Strukturierte Datentypen hier nicht zulässig

63 Textfiles hier nicht zulässig

64 Textfiles und untypisierte Files hier nicht zulässig

65 Untypisierte Files hier nicht zulässig

66 Eingabe oder Ausgabe hier nicht zulässig
   Werte dieses Typs können nicht ein- oder ausgegeben werden.

67 Files müssen Variablenparameter sein

68 Komponenten von Files dürfen nicht vom Filetyp sein

69 Anordnung der Felder unzulässig

70 Basistyp der Menge außerhalb des Bereichs
   Die Elemente einer Menge müssen von skalarem Typ sein, ihre Anzahl
   darf 256 nicht überschreiten.

71 *Goto*-Sprunganweisung unzulässig
   Ein Sprung zu einem Label innerhalb einer Zählschleife (s. Abschnitt
   6.3.1) darf nicht von außerhalb erfolgen.

72 Label nicht innerhalb des Blocks
   Mit der *Goto*-Anweisung kann man nur zu einem Label innerhalb des
   Blocks springen.

73 Vorwärts definierte Prozedur (Funktion) fehlt
   Für eine mit *forward* deklarierte Prozedur (s. Abschnitt 6.5.3) fehlt
   die Deklaration des Blocks.

74 Inline-Fehler
   Hinweise dazu im Handbuch

75 Verwendung von *absolute* nicht zulässig
  Hinweise dazu im Handbuch

76 Overlays können nicht vorwärts deklariert werden

77 Overlays können nicht von M-compilierten Programmen eingesetzt werden
  Beim Compilieren ist die Option *C* oder *H* einzustellen.

90 File nicht gefunden
  Der angegebene Include-File (s. Abschnitt 9.3.1) ist nicht vorhanden.

91 Unerwartetes Ende des Programms
  Das geschriebene Programm darf nicht so enden, es hat vermutlich
  mehr *Begin*-Eröffnungen als *End*-Abschlüsse.

92 Es kann kein Overlay-File gebildet werden

98 Speicherüberlauf
  Für die verwendeten Variablen wird mehr Speicherplatz benötigt, als
  verfügbar ist.

99 Compilerüberlauf
  Der Speicherplatz reicht nicht aus, das geschriebene Programm zu
  compilieren und den Maschinencode abzulegen. Um das Programm
  dennoch compiliert zu bekommen, kann man die Compiler-Option
  von *M* auf *C* umstellen. Oder man kann das Programm in kleinere
  Teile unterteilen und diese in Include-Files auslagern (s. Abschnitt
  9.3.1). Auch die Overlay-Technik (s. Abschnitt 9.3.2) kann das Problem
  lösen.

B Fehlermeldungen beim Ablauf

Schwerwiegende Fehler beim Ablauf des Programms wie die Überschreitung
des Indexbereiches oder die Eingabe eines Wertes von einem falschen Typ
bewirken einen Abbruch der Programmbearbeitung. Auf dem Bildschirm
erscheint ein Hinweis auf den Abbruch aufgrund eines Runtime-Fehlers
oder eines *I/O*-Fehlers. Die Meldung enthält die (hexadezimal angegebene)
Nummer des Fehlers (s. die folgenden Auflistungen) und den Stand des
Befehlszählers (PC), bei dem der Fehler auftrat. Der Computer versucht, die
Stelle im Programm zu finden, die den Ablauffehler verursacht hat. Wenn das
gelingt, wird es gemeldet und (wie bei Compilierungsfehlern) angeboten, mit
<ESC> in den Editor überzugehen. Der Cursor markiert dann die Stelle im
Programm, an der sich der Fehler bemerkbar machte.

Runtime-Fehler:

$01 Fließkomma-Überlauf

$02 Division durch Null nicht zulässig
  Bei der Division / ist für den Divisor ein Wert errechnet worden, der 0
  ist oder unterhalb des *Real*-Bereichs liegt.

$03 Argument für die Funktion *SqRt* nicht zulässig
Beim Aufruf der Quadratwurzelfunktion hat sich für den Radikanden ein negativer Wert ergeben.

$04 Argument für die Funktion *Ln* nicht zulässig
Der beim Aufruf der Logarithmusfunktion übergebene Wert ist 0 oder negativ.

$10 Fehler in der String-Länge
Die Verkettung von Strings (s. Abschnitte 5.2.3.1 und 8.2.5) ergibt einen String mit mehr als 256 Zeichen.
Nur Strings der Länge 1 können einer Variablen vom Typ *Char* zugewiesen werden.

$11 String-Index nicht zulässig
Bei den String-Prozeduren *Delete, Insert* und *Copy* geht der Index über den Bereich 1..255 hinaus (s. Abschnitt 8.2).

$90 Array-Index außerhalb des zulässigen Bereichs

$91 Skalarer Wert oder Teilbereich außerhalb des Bereichs
Einer Variablen von einem skalaren Typ (oder einem Teilbereich davon) wurde ein Wert zugewiesen, der außerhalb des Bereichs liegt.

$92 *Integer*-Zahl außerhalb des Bereichs
Den Ganzzahlfunktionen *Round* oder *Trunc* wurde ein Wert übergeben, der außerhalb des Bereichs $- 32768 .. + 32767$ liegt.

$FF Heap/Stack-Kollision
Beim Aufruf der Funktion *New* (s. Abschnitt 9.1.2) oder bei einem rekursiven Aufruf reicht der Speicherplatz nicht mehr aus.

I/O-Fehler:

$01 File nicht vorhanden
Beispiel: Das Programm versucht, mit *Reset* einen File zu öffnen, der nicht existiert.

$02 Lesen des Files nicht möglich
Beispiel: Das Programm versucht, von einem File zu lesen, ohne ihn vorher zu öffnen.

$03 Schreiben in den File nicht möglich
Beispiel: Das Programm versucht, in eine Textdatei zu schreiben, die mit *Reset* geöffnet wurde.

$04 File nicht offen

$10 Fehler bei der Zahlenumwandlung
Der String, der von einem Textfile in eine Zahlenvariable eingelesen wird, kann nicht (mit *Val*) umgewandelt werden.

$20 Operation auf Gerätefile nicht zugelassen

> Beispiel: Das Programm versucht, den Gerätefile *Lst* mit *Erase* zu löschen.

$21 Bei Compiliermodus *M* nicht zugelassen

> Beispiel: Andere Programme lassen sich mit *Execute* nur von einem Programm aus starten, das mit der Option *C* compiliert wurde.

$22 Zuordnung als Standardfile nicht zulässig

$90 Record paßt nicht in File

$91 *EoF* abfragen

$99 Ende des File nicht erwartet

> Beispiel: Das Programm versucht, über die *EoF*-Marke hinaus zu lesen.

$F0 Schreibfehler auf Diskette

> Beispiel: Beim Erweitern eines File ist die Diskette voll geworden, nun versucht das Programm, erneut in den File zu schreiben.

$F1 Diskettenverzeichnis ist voll

$F2 Überschreiten der Filegröße

$FF File nicht mehr aufzufinden

> Beispiel: Das Programm versucht, einen File zu schließen, der nicht im Verzeichnis enthalten ist. Das kann vorkommen, wenn während der Bearbeitung die Diskette gewechselt wurde.

Wie der Benutzer den durch Runtime-Fehler oder *I/O*-Fehler verursachten Abbruch u. U. vermeiden kann, wird in den Abschnitten 8.4.7 (Ein- und Ausgabekontrolle) und 9.4 (Compilerdirektiven) dargestellt.

C Codierung im ASCII

Die ersten Zeichen (Ordnungszahlen 0 bis 31) des ASCII (American Standard Code for Information Interchange) dienen als Steuerzeichen. Wie diese verwendet werden, ist systemabhängig. Eine mögliche Implementierung zeigt Tabelle 1:

Zeichen (bzw. Funktion)	Codierung Dezimal	Hexadez.	Bedeutung	
NUL	0	00	NULL	
SOH	1	01	Start of heading	
STX	2	02	Start of text	
ETX	3	03	End of text	
EOT	4	04	End of transmission	Bei Mikrocomputern
ENQ	5	05	Enquiry	i. a. keine Funktion
ACK	6	06	Acknowledge	
BEL	7	07	Bell (Glocke)	
BS	8	08	Backspace (Rücktaste, löscht das letzte Zeichen)	
HT	9	09	Horizontal tab	
LF	10	0A	Line feed (Zeilenvorschub)	
VT	11	0B	Vertikal tab	
FF	12	0C	Form feed (Seitenvorschub)	
CR	13	0D	Carriage return (Wagenrücklauf)	
SO	14	0E	shift out (turn cursor on - schaltet den Cursor ab)	
SI	15	0F	shift in (turn cursor off - schaltet den Cursor aus)	
DLE	16	10	Data link escape	
DC1	17	11	Device control 1	
DC2	18	12	Device control 2	
DC3	19	13	Device control 3	
DC4	20	14	Device control 4	
NAK	21	15	Neg. acknowledge	
SYN	22	16	Synchronous idle	
ETB	23	17	End trans. Block	
CAN	24	18	Cancel	— verwendet f. Cursor-Links-Taste
EM	25	19	End of medium	— verwendet f. Cursor-Rechts-Taste
SUB	26	1A	Substitute	— verwendet f. Cursor-Unten-Taste
ESC	27	1B	Escape	— verwendet f. Cursor-Oben-Taste
FS	28	1C	File separator	— verwendet f. Cursor-Home-Taste
GS	29	1D	Group separator	— verwendet z. Verschieben des Cursors an den Zeilenanfang
RS	30	1E	Record separator	— verwendet zum Löschen bis Zeilenende
US	31	1F	Unit separator	— verwendet zum Löschen bis Bildschirmspeicherende

Die nachfolgenden Zeichen (Ordnungszahl 32 bis 127) lassen sich auf dem Bildschirm oder vom Drucker ausgeben (Tabelle 2):

Zeichen	Codierung:		
	Dezimal	Hexadez.	Dual
␣	32	20	00100000
!	33	21	00100001
''	34	22	00100010
#	35	23	00100011
$	36	24	00100100
%	37	25	00100101
&	38	26	00100110
'	39	27	00100111
(	40	28	00101000
)	41	29	00101001
*	42	2A	00101010
+	43	2B	00101011
,	44	2C	00101100
—	45	2D	00101101
.	46	2E	00101110
/	47	2F	00101111
0	48	30	00110000
1	49	31	00110001
2	50	32	00110010
3	51	33	00110011
4	52	34	00110100
5	53	35	00110101
6	54	36	00110110
7	55	37	00110111
8	56	38	00111000
9	57	39	00111001
:	58	3A	00111010
;	59	3B	00111011
<	60	3C	00111100
=	61	3D	00111101
>	62	3E	00111110
?	63	3F	00111111
§	64	40	01000000
A	65	41	01000001
B	66	42	01000010
C	67	43	01000011
D	68	44	01000100
E	69	45	01000101
F	70	46	01000110
G	71	47	01000111
H	72	48	01001000
I	73	49	01001001
J	74	4A	01001010
K	75	4B	01001011
L	76	4C	01001100
M	77	4D	01001101
N	78	4E	01001110
O	79	4F	01001111

Zeichen	Codierung:		
	Dezimal	Hexadez.	Dual
P	80	50	01010000
Q	81	51	01010001
R	82	52	01010010
S	83	53	01010011
T	84	54	01010100
U	85	55	01010101
V	86	56	01010110
W	87	57	01010111
X	88	58	01011000
Y	89	59	01011001
Z	90	5A	01011010
[Ä	91	5B	01011011
\ Ö	92	5C	01011100
] Ü	93	5D	01011101
^ '	94	5E	01011110
_	95	5F	01011111
'	96	60	01100000
a	97	61	01100001
b	98	62	01100010
c	99	63	01100011
d	100	64	01100100
e	101	65	01100101
f	102	66	01100110
g	103	67	01100111
h	104	68	01101000
i	105	69	01101001
j	106	6A	01101010
k	107	6B	01101011
l	108	6C	01101100
m	109	6D	01101101
n	110	6F	01101110
o	111	6F	01101111
p	112	70	01110000
q	113	71	01110001
r	114	72	01110010
s	115	73	01110011
t	116	74	01110100
u	117	75	01110101
v	118	76	01110110
w	119	77	01110111
x	120	78	01111000
y	121	79	01111001
z	122	7A	01111010
{ ä	123	7B	01111010
: ö	124	7C	01111100
} ü	125	7D	01111101
~ ß	126	7E	01111110
	127	7F	01111111

Im erweiterten ASCII (Ordnungszahlen von 128 bis 255) stehen besondere
Zeichen wie z. B. Grafikzeichen zur Verfügung. Damit Sie diese in Ihren
Programmen einsetzen können, werden Sie in der folgenden Tabelle 3
aufgelistet:

Ord(Z)	Z	Ord(Z)	Z	Ord(Z)	Z	Ord(Z)	Z
159		183	╖	207	╧	231	τ
160	á	184	╕	208	╨	232	Θ
161	í	185	╣	209	╤	233	Θ
162	ó	186	║	210	╥	234	Ω
163	ú	187	╗	211	╙	235	δ
164	ñ	188	╝	212	╘	236	∞
165	Ñ	189	╜	213	╒	237	ø
166	ª	190	╛	214	╓	238	ε
167	º	191	┐	215	╫	239	∩
168	¿	192	└	216	╪	240	≡
169	⌐	193	┴	217	┘	241	±
170	¬	194	┬	218	┌	242	≥
171	½	195	├	219	█	243	≤
172	¼	196	─	220	▄	244	⌠
173	¡	197	┼	221	▌	245	⌡
174	«	198	╞	222	▐	246	÷
175	»	199	╟	223	▀	247	≈
176	░	200	╚	224	α	248	°
177	▒	201	╔	225	ß	249	∙
178	▓	202	╩	226	Γ	250	·
179	│	203	╦	227	π	251	√
180	┤	204	╠	228	Σ	252	ⁿ
181	╡	205	═	229	σ	253	²
182	╢	206	╬	230	µ	254	■
						255	

D Diskettenprogramme

Auf der Diskette zum Buch sind die Programme enthalten, mit denen die Darstellung der Sprache *Turbo Pascal* erläutert wird. Einige davon sind (ganz oder in Auszügen) in den Text aufgenommen worden. Die Programme demonstrieren wichtige Datentypen von *Turbo Pascal*, ihre Besonderheiten und ihre Operationen. Sie enthalten Beispiele für nützliche Prozeduren und Funktionen, die Sie von der Diskette (mit dem Blockkommando <Ctrl> <R>) in Ihre eigenen Programme einbeziehen können.

Einige Programme (wie *BUECHER, DATEI* und *SACHWORT*) lassen sich auch praktisch anwenden, doch erfüllen sie natürlich nicht alle Anforderungen hinsichtlich des Leistungsumfangs, der Benutzerfreundlichkeit und der Benutzersicherheit, die an professionelle Anwenderprogramme zu stellen sind.

Was die Programme auf der Diskette enthalten und was sie bewirken, wird nun kurz beschrieben. Die Prozeduren und die Funktionen sind in gesonderte Unterverzeichnisse aufgenommen worden.

Hauptverzeichnis:

START.PAS	zeigt den Aufbau eines *Pascal*-Programms, es enthält nur Ein- und Ausgabeanweisungen.
CODE.PAS	gibt für die Tasten der Tastatur die Ordnungszahlen im ASCII aus.
GRAFIK.PAS	gibt für die Ordnungszahlen die zugehörigen Zeichen aus, insbesondere die Grafikzeichen des erweiterten ASCII.
ZAHL_OP1.PAS	demonstriert die Operationen auf dem Typ *Byte*.
ZAHL_OP2.PAS	demonstriert arithmetische Operationen auf *Integer*werte.
ZAHL_OP3.PAS	demonstriert *Real*-Operationen und Ausgabeformatierung.
ZAHL_FKT.PAS	zeigt, welche Werte die mathematischen Funktionen liefern.
BOOLE_OP.PAS	veranschaulicht die logischen Operatoren *not, and, or* und *xor*. Es zeigt, wie man Wahrheitswerte eingeben kann.
STRINGOP.PAS	zeigt die Wirkung einiger *String*operationen und -funktionen.
SKALAROP.PAS	erläutert die Definition neuer skalarer Typen und zeigt die Anwendung von Operatoren und Funktionen, die sich auf die Anordnung beziehen.
INTCODE.PAS	geht auf die zusätzlichen Operatoren und Funktionen für den Typ *Integer* ein. Zahlen werden aus dezimaler in 16stellige Dualzahl-Darstellung umgeformt. Die Wirkung der Funktionen *Hi, Lo* und *Swap* wird durch selbstdefinierte Funktionen simuliert.

PRZKOPF2.PAS	ist ein Rahmenprogramm für die Prozedur *KOPF2* (s. Unterverzeichnis *PROZEDUR*)
FOLGE.PAS	erläutert die Deklaration mit *forward* am Beispiel einer besonderen Zahlenfolge.
FKTGGT.PAS	ist ein Rahmenprogramm für die Funktion *GGT* (s. Unterverzeichnis *FUNKTION*).
FKTCODE.PAS	ist ein Rahmenprogramm für die Funktionen *DEZDUAL* und *DEZHEXA*.
MENGE.PAS	demonstriert die Definition von Mengen und die Wirkung der Mengenoperatoren.
BUECHER.PAS	ist ein Anwendungsprogramm. Sie können damit Literaturangaben (Titel, Autor, Verlag, Inhaltsangabe) in verschiedenen Bücherlisten abspeichern. *LISTEN.DAT* enthält ein Verzeichnis der vorhandenen Bücherlisten.
DATEI.PAS	ist eine kleine Datenbank für die Aufnahme von Personendaten. In *P_LISTE.DAT* sind die bereits angelegten Personenlisten verzeichnet.
EDITOR1.PAS	ist ein einfaches Textprogramm, das in seiner Befehlsstruktur an das MS-DOS-Programm *EDLIN* angeglichen ist, aber mit Menu-Steuerung arbeitet. Es zeigt den Einsatz nützlicher Prozeduren wie Lauftext im Kopf und enthält insbesondere die Prozedur zum Finden und Ersetzen (unter *TEXT1* im Unterverzeichnis *PROZEDUR*).
EDITOR2.PAS	ist insofern erweitert, als der Benutzer selbst vorgeben kann, in welchem File der Text auf der Diskette abgelegt werden soll. Die Auswahl des Filenamens geschieht wie in der Prozedur *FILENAME*.
LISTE.PAS	zeigt die Verwendung von Zeigern beim Verketten einer geordneten Liste. Mit den Zeigern greift man auf die Liste zu, wenn man ein Element hinzufügen, suchen oder löschen will. In diesem Programm werden die Prozeduren *LISTE1*, *LISTE2*, *LISTE3* und *LISTE4* des Unterverzeichnisses *PROZEDUR* eingesetzt.
LISTE_I.PAS	zeigt das Einbinden von Include-Files in ein Programm. Eingebunden werden *PRZKOPF.INC* für die Ausgabe des Kopfes und *PRZFILE.INC* für die Wahl des Files für die Liste.
TTT2.PAS	ist ein Programm, mit dem ein Spieler das kleine Spiel *TicTacToe* gegen den Computer spielen kann. Es wird dem Spieler kaum gelingen, den Computer zu besiegen.
SPIELEXE.COM	dient zum Starten verschiedener Spielprogramme mit *Execute*. Die Spielprogramme sind als *COM*-Files abgelegt: *TTT1*, *TTT2*, *VIERGEW1* und *VIERGEW2*. Nach Be-

endigung des Spiels wird wieder das Programm *SPIELEXE*
gestartet.

SACHWORT.PAS ist ein Anwenderprogramm zum Erstellen einer Sach-
wortliste. Die Sachwörter werden mit einer (oder mehre-
ren) Seitenzahlen versehen und alphabetisch in eine Liste
eingeordnet. Die Liste ist mit Zeigern verkettet (s. Programm *LISTE*). Nach Abschluß der Bearbeitung werden
die Sachwörter auf der Diskette gespeichert.

Unterverzeichnis *PROZEDUR*:

WEITER.PAS   enthält kleine Hilfsprozeduren.

KOPF1.PAS   dient zum Schreiben einer Kopfzeile (mit einfacher
                      Umrahmung) auf dem Bildschirm.

KOPF2.PAS   zeichnet im Kopf einen Rahmen mit doppelter Umran-
                      dung.

MENU.PAS   zeigt eine komfortable Menusteuerung. Der Anwender
                      kann mit den Tasten + und − durch das Angebot hin-
                      durchgehen und den gewünschten Vorgang mit <ENTER>
                      auswählen. Die jeweils auszulösende Angebotszeile wird
                      durch helle Schrift hervorgehoben.

FILENAME.PAS   dient zur Auswahl eines Files durch den Anwender und
                      enthält eine Reihe von Sicherheitsvorkehrungen.

TEXT1.PAS   enthält die Prozedur zum Finden und Ersetzen in Texten.

TEXT2.PAS   enthält Prozeduren zum Speichern und Laden von Text.

LISTE1.PAS   und die folgenden bis *LISTE4.PAS* sind Prozeduren für
                      den Zugriff auf eine mit Zeigern verkettete Namenliste.

Unterverzeichnis *FUNKTION*:

GGT.PAS   liefert den größten gemeinsamen Teiler zweier Zahlen. Sie
                      demonstriert den rekursiven Aufruf.

DEZDUAL.PAS   liefert zu einer Zahl 0..255 die Dualdarstellung, d. h. das
                      Bitmuster der Codierung.

DEZHEXA.PAS   liefert zu einer Zahl 0..255 die hexadezimale Darstellung
                      (mit zwei Ziffern).

MENU.PAS   ist unter gleichem Namen in *PROZEDUR* verzeichnet.
                      Damit wird auch gezeigt, daß Namengleichheit in ver-
                      schiedenen Verzeichnissen zulässig ist.

INTCODE.PAS   ist gleichnamig mit einem Programm im Hauptverzeich-
                      nis, enthält aber nur einen Teil davon, nämlich die Funk-
                      tion *DEZDUAL16*, mit der für eine Integerzahl die duale
                      Codierung geliefert wird, und die Funktion *DUALDEZ16*
                      für die Rückverwandlung.

Sachwortverzeichnis

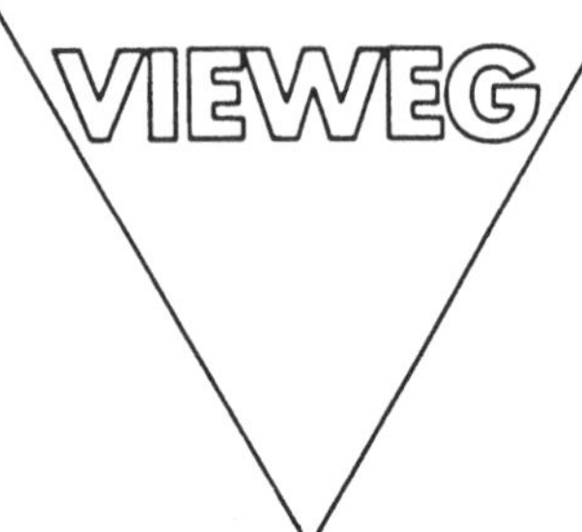

Doug Cooper und Michael Clancy

Pascal

Lehrbuch für strukturiertes Programmieren

(Oh! Pascal!, dt.) Aus dem Amerikanischen übersetzt und bearbeitet von Gerd Harbeck und Tonia Schlichtig. 1988. X, 509 Seiten. 16,2 x 22,9 cm. Kartoniert.

Das Pascal-Buch von Cooper/Clancy ist das erfolgreichste Pascal-Lehrbuch in den USA. Es wird an sehr vielen Universitäten und Colleges in den Informatikveranstaltungen eingesetzt. Diese weitverbreitete und praxiserprobte Standard-Einführung in die Programmierung von Pascal liegt nun in deutscher Sprache vor.
Das didaktisch ausgezeichnete Konzept dieser Publikation ruht auf zwei Pfeilern. Der eine ist das problemorientierte Vorgehen in jedem Kapitel, um dem Leser – wie auch dem Hörer in den Vorlesungen – ein leichtes Verstehen des Sachverhaltes und die Umsetzung in die Programmiersprache zu ermöglichen. Der zweite liegt in der Darstellungsweise begründet. Selbst komplizierte Sachverhalte haben die Autoren einfach und doch umfassend dargestellt, so daß ein Nachvollziehen jederzeit möglich ist. Damit hebt sich dieses Lehrbuch wohltuend von vielen anderen Pascal-Büchern ab.

Karl-Heinz Becker und Michael Dörfler

Dynamische Systeme und Fraktale

Computergrafische Experimente mit Pascal

2., neubearbeitete und erweiterte Auflage 1988. XII, 388 Seiten mit 198 Abbildungen und 71 Programmbausteinen. 16,2 x 22,9 cm. Kartoniert.

Nunmehr liegt die zweite, wesentlich erweiterte Auflage des Erfolgstitel „Computergrafische Experimente mit Pascal" vor. Gegenüber seinem Vorläufer zeichnet sich das neue Buch durch umfassendere Darstellung des aktuellen Forschungsgebietes aus – ohne den Anspruch aufzugeben, auch Laien in die spannende Welt der Juliamengen und Apfelmännchen einzuführen. Darüber hinaus zeigen die Autoren, daß das „Chaos" nicht nur erstaunlich leicht programmiert werden kann, sondern auch aktuelle Bedeutung in Bereichen der Naturwissenschaften hat.